SCHÖNER SCHEIN

Schiffer · **Schöner Schein**

Franz Schiffer

Schöner Schein

Die Zauberkunst des Wittus Witt

mit Kunststückanleitungen
und Zeichnungen
von Wittus Witt

homo ludens

Eine Buchreihe herausgegeben von Stefan Wilfert

Dank
Für die Erlaubnis, Bilder, Texte und Schriftzüge wiedergeben zu dürfen, danken Autor und Wittus Witt: Allgemeine Zeitung Mainz, Dirk Anger, Monika und Hartmut Becker, Volker Huber, Hanns Dieter Hüsch, Hellmuth Kotschenreuther, Passauer Neue Presse, Ulrich Reineking-Drügemöller, Barbara Reitter, Tim Schmidtmann, Tagesspiegel Berlin, taz Bremen, Werner Waldmann, Westfälische Nachrichten und Joe Wildon.

Die Deutsche Bibliothek – CIP-Einheitsaufnahme
Schiffer, Franz:
Schöner Schein – Die Zauberkunst des Wittus Witt
(Zeichn.: Wittus Witt), – München: Hugendubel, 1995
(Homo ludens)
ISBN-3-88034-815-4

Umschlaggestaltung: Parzhuber & Partner, München,
unter Verwendung eines Fotos von Claus Henseling, Düsseldorf
Layout: hagé-Design, Krefeld
Produktion: Tillmann Roeder, München
Satz: Baecker & Häbel, Willich
Lithos: CRT, Düsseldorf
Druck und Bindung: Jos. C. Huber, Diessen
Printed in Germany

ISBN-3-88034-815-4

Inhalt

Die Vorgeschichte zum Buch 7

Zur Begrüßung 8
Ein Vorwort von Jean Pütz

Ein Mann in Schwarz 11
Das Zauberspiel beginnt

Beuys und Bolkerstraße 15
Stationen eines Aufstiegs

Und plötzlich war ich Profi 25
Die Vorboten des Schönen Scheins

Alles ist Schein, doch nur zum Schein...41
Das intelligente Spiel mit der Illusion

Die Story ist das Eigentliche...................49
Ein paar Stilfragen

Tricks im Äther..55
Der Radio- und Fernsehzauberer

Wie man Schauspieler verwandelt.........69
Der tricktechnische Berater

Zauber in Vitrinen...................................73
Der Sammler und Historiker

Nicht von Pappe 83
Der Designer und Illustrator

Bücher - Hefte - Gelbe Seiten 93
Der Autor und Herausgeber

Jim, Tim und Petula 97
Die Fangemeinde

Donnerstag, 17. Juni 1993 101
Ein Tag im Leben des Wittus Witt

Soirée mit Gorbatschow 105
Momentaufnahmen aus aller Welt

Home sweet home 115

Anhang 117
Veröffentlichungen 122
Prospekte und Programmhefte, Erwähnungen 124
Artikel in Publikums- und Fachzeitschriften, Titelfotos, Illustrationen, Theaterberatungen 126
Theatergastspiele, Ausstellungen, Auszeichnungen, Werbung 128
TV-Vita 130
Hörfunk-Vita 132
Fotonachweis 133

Register 134

Zauberkunststücke

Eine Kartenvoraussage 45
Zwei gezogene Karten finden 46
Die obersten Karten des Spieles nennen 47
Wieviel Kleingeld haben sie? 57
Würfelaugen erzaubern 57
Tele-Zauber mit Postleitzahlen 66
Drei Häufchen 67
Heiße Geschicklichkeit 67
Abgebrannt 87
Wie kommt der Pfennig in die Flasche? 87
Kartenraten 87
Springender Gummiring – unmöglich 88
Springender Gummiring – völlig unmöglich 89
Streichholzquadrat 89
Farbenraten 90
Schachteldurchdringung 91

Die Vorgeschichte zum Buch

Bevor ich Wittus Witt zum ersten Mal zaubern sah, brauchte ich dringend Erholung. Berufsmäßige Effekthascher hatten mein Nervenkostüm arg strapaziert. Von Entertainern, die meinten, Gags und Glitter seien genau das, was dem Freizeitmenschen fehle, war mir wieder einmal übel. Ich sehnte mich nach einem Könner vom alten Schlag, einem Gaukler etwa, wie ich ihn zuletzt in einem schottischen Städtchen erlebt hatte: pfiffig, fingerfertig, kleiner Rahmen. Wittus Witt bot mehr an jenem Spätsommerabend in dem Münchner Theater *Die Kleine Freiheit.*

Nicht nur, daß er uns ohne Hochleistungstricks staunen machte. Von irgendwoher plumpsten Orangen in Papiertüten, Fäden wurden locker durch Nasen gezogen, brennende Zigaretten spurlos auf Marken-Sakkos zerquetscht. Dazu parlierte der Mann in Schwarz so leger von allerlei zauberhaften Vorläufern, daß ich mich köstlich belehrt fühlte. Seine verblüffendste Botschaft war zugleich ein mächtiges Kompliment: „Ich kann gar nicht zaubern, sondern Sie!"

Wittus Witts Zauberleben auf der Bühne und im Fernsehen bot mir reichlich Stoff für ein Buch, das die vielfältigen Gaben eines Großen seiner Zunft beschreiben soll. Gewidmet sei es der jugendlichen Zuschauerin, die in München hinterher zu ihm sagte: „Ich fand Sie ganz toll und wußte überhaupt nicht, daß es sowas gibt!"

Franz Schiffer

Zur Begrüßung

Dieser Wittus Witt ist ein Phänomen. Er legt wert auf die Tatsache, daß bei ihm trotz aller Zauberkunst alles mit rechten Dingen zugeht. Obwohl er die Menschen mit unglaublichen Erscheinungen konfrontiert, möchte er kein Guru sein. Er lehnt es sogar ab, Mitglied im „Magischen Zirkel", der höchsten Instanz deutscher Zauberer, zu werden, weil er, wenn nötig, seine Zaubermethoden „offenbaren" möchte. So habe ich ihn kennengelernt: als Aufklärer in Sachen Zauberkunst.

Seinerzeit hatte ein kleiner Scharlatan mit Namen Uri Geller die Deutschen mit sogenannten psychokinetischen Kunststücken von angeblich übersinnlichem Charakter verrückt gemacht. Das ärgerte mich, denn ich hatte gerade die Hobbythek gegründet, in der wir uns das Ziel setzten, die Menschen aufzuklären, vor Übervorteilung zu schützen. Der Gabeltrick von Uri Geller mündete in eine Art Massenhysterie, die ich vor allem in Deutschland für gefährlich hielt. Deshalb freuten wir uns, daß wir die angeblich übersinnliche Vorstellung in einer anschließenden Hobbythek-Sendung aufdecken konnten.

Ich war zunächst also nicht gut auf die Zaubergilde zu sprechen. Aber dann kam Wittus Witt. Er zauberte mit viel Witz und Humor auf einer belebten Düsseldorfer Geschäftsstraße. Vom mystischen Firlefanz war bei ihm keine Spur, er unterhielt nur ganz einfach seine Zuschauer gegen geringen Obolus, er war zaubernder Schauspieler mit kabarettreifen Einlagen.

Ich sprach ihn an, und sofort fanden wir uns auf einer Wellenlänge. Wie er die Menschen auf dem Pflaster mit seiner Zauberkunst faszinierte, war beeindruckend.

Mir war klar, daß ihm dies mühelos in meiner Fernsehsendung gelingen müßte, und bat ihn daher mitzumachen. Es wurde ein großer Gewinn für die Hobbythek. Er bereicherte sie mit seinem Mutterwitz, seinen Entertainerqualitäten, und vor allen Dingen wirkte er „glaubwürdig", denn er war bereit, einige seiner verblüffenden Kunststücke aufzuklären. Das hätte kein anderer Zauberer getan, denn im Magischen Zirkel ist das verboten.

Über 80.000 Zuschauer schrieben uns nach der Sendung und forderten den kostenlosen Hobbytip an. Ich denke, damit hat er sich auch erheblich um den Nachwuchs für die Zaubergilde verdient gemacht.

Kein Wunder, daß er recht bald von anderen Fernsehkollegen entdeckt wurde. Aber das alles hat ihn nicht beeindruckt, er ist der bescheidene Forscher in Sachen Zauberkunst geblieben, ein Sammler von vielen Zauberkunststücken, ein didaktisches Genie, dem es gelingt, über seine Zauberkästen und –bücher einen breiten Kreis von Menschen anzusprechen, und deshalb wünsche ich gerade diesem Buch eine weite Verbreitung und großen Erfolg.

Ihr

Das Talent vorausgeahnt: Jean Pütz

Ein Mann in Schwarz

Das Zauberspiel beginnt

Lässig angelehnt, steht er im Foyer, scherzt mit der Kassiererin, äugt neugierig nach links und rechts. Er wirkt eine Spur schicker als die meisten, die Einlaß suchen. Jedes weißgraue Haar scheint einzeln gebürstet, der Bart millimetergenau gestutzt. Schwarz ist sein Seidenhemd, schwarz auch Hose und Lederschuhe. Um den Hals trägt er, silbrig und ohne Anhänger, eine ungewöhnlich lange Kette und einen weißen Seidenschal. Das macht ihn erst recht zu einer markanten Erscheinung – doch jungenhaft grinsen kann dieser Charmeur auch. Ein mittelgroßer, sehr gepflegter Schelm in den Vierzigern wird also die Hauptperson des Abends sein, auf einer Theaterbühne in einer deutschen Großstadt. Das Programm bestreitet kein Kabarettist, kein Rezitator, auch kein Liedermacher, sondern Wittus Witt, der Zauberer.

Die Saaltüren gehen zu, das Licht schwindet, noch ein paar eilige Räusperer fliegen durchs Halbdunkel. Auf der Bühne ist der Vorhang weit offen. Samtige Lichtkegel erfassen in der Mitte einen schwarzen Klapptisch, links davon einen Thonet-Garderobenständer mit Kostümen: offenbar ein dunkelblauer Gehrock und etwas ähnlich Altmodisches, ein Frack wohl – ein bißchen Biedermeier, ein wenig Frankreich liegt in der Luft. Rechts steht ein schlichter Stuhl mit einer bauchigen Tasche, die wie ein Hebammenkoffer aussieht. Zart und geheimnisvoll ertönt Nino Rotas Glasharfenmusik aus dem Fellini-Film *Casanova*. Das Spiel beginnt.

Auch die Gegenstände vorn tauchen jetzt ins Dunkel. Die Musik schwebt weiter über die Reihen, während ein kreisrundes Licht den Plauderer von vorhin zum Vorschein bringt - das heißt: zunächst bloß seinen Kopf und etwas vom Oberkörper. Wittus Witt verbeugt sich leicht, grüßt freundlich nach allen Seiten, das Publikum macht sich mit dem höflichen Herrn ein wenig vertraut. Sein Einstieg ist stumm und flink: Aus dem schwarzen Nichts greift er ein feuerrotes Tuch und läßt es prompt wieder in der Faust verschwinden. Die Sphärenklänge verebben – Wittus Witt fängt an zu reden.

„Staunen", verkündet er sanft-sonor, „ist der Ausgangspunkt aller Philosophie. Ich möchte Ihnen heute von einer Kunst

erzählen, die nichts Geringeres als Wunder zu ihrem Gegenstand gemacht hat.“

Dann wirft er gleich das dickste Knallbonbon des Abends: „Natürlich kann ich nicht wirklich zaubern, denn könnte ich es – stünde ich dann hier?“ Wir dürften da durchaus mittun, erstaunt uns der drahtige Mann. Das rote Tuch ist inzwischen wieder erschienen, ein kleiner Blickfang in einer klassisch gedämpften Hell-Dunkel-Szene.

Dies ist stets der Auftakt des *Schönen Scheins*, den Wittus Witt landauf, landab verbreitet. Rund 120 Minuten lang läßt er Kugeln unsichtbar unter Bechern wandern, spielt mit Ringen und Skatkarten, schnippelt so souverän an Stricken herum, daß sie immer länger werden – und das Publikum spielt höchst vergnügt mit. Nach Strick und Faden läßt es sich bereitwillig täuschen.

Womit dieses Soloprogramm verblüfft, ist indes nicht die vollkommene Fingerfertigkeit des Zauberers. Die unverwechselbaren Kennzeichen des Wittus Witt kann jeder vom Kassenhäuschen an beobachten: Witz, Charme, Geschmack.

Wittus Witt will gefallen. Er geht gern auf Menschen zu und setzt sich sorgsam ins rechte Licht, um etwas zu erzählen, Geschichten loszuwerden. Vordergründig unternimmt er einen leichtfüßigen Ausflug in die Annalen der Zauberei, berichtet von Papyrusrollen und Gauklern vergangener Jahrhunderte, läßt einen österreichischen Hofrat und einen gewissen Monsieur Houdin auferstehen.

Doch en passant verwirrt und verstört er uns mit dem kühnen Bekenntnis, eigentlich könne er ja gar nicht richtig zaubern. Da lädt einer zum Zauberabend, stellt kurz nach Beginn klar, daß er ein gewöhnlicher Sterblicher ist – und hält uns doch mit seiner Trickkunst in Atem.

Eitel und sendungsbewußt, ehrlich und ohne großes Zutun einfallsreich – so sind Künstlernaturen. Kaum ein anderer Zauberer versteht sein Metier anspruchsvoller als der galante, augenzwinkernde Geschichtenerzähler. Mit seiner Kunst der feinsinnigen Täuschung hat Wittus Witt Theaterbretter, Hörfunkstudios und Fernsehanstalten erobert. In einer Kleinstadt in Westfalen, mit einer Kartenspielerei des Vaters, nahm diese mittlere Kulturrevolution ihren Lauf.

Beuys und Bolkerstraße

Stationen eines Aufstiegs

Als Wittus für alle noch Hans-Günter heißt und gerade sechs ist, hat sein Vater einen folgenreichen Einfall. „Ich zeig Dir einen Zaubertrick – Du wirst Dich wundern", spricht der leicht verspielte Offizier, setzt sich mit dem Kleinen an den Wohnzimmertisch und zückt einen Satz ganz gewöhnlicher Skatkarten. Ein As hält er schön deutlich in die Höhe. „Merk Dir die Karte gut. Ich laß sie gleich wieder im Stapel verschwinden und kann Dir dann sagen, wo sie steckt." Das kann er tatsächlich! Mit sicherem Griff fischt er das As wieder heraus!

Die Lust an Taschenspielereien, aus der eine Leidenschaft, ein Beruf mit Berufung werden soll, vererbt der Vater dem Sohn damals im Handumdrehen. „Ich hab ständig irgendwelche Erwachsene gefragt, ob sie einen Trick kennen, und begeistert vor mich hin gezaubert", erzählt der Profi. „Meine Mutter war meine geduldigste Zuschauerin. Mit Seilen oder Bällen hab ich mich vor ihr aufgebaut – und immer wieder mit Spielkarten." Das war Mitte der fünfziger Jahre.

Auf dem Gymnasium in Versmold fällt dem Zauberjüngling der bunte Katalog eines Mitschülers in die Hände. Es ist das gedruckte Sortiment von Joe Wildon aus Bielefeld, seinerzeit der führende Zaubergerätehändler in Deutschland.

„Mein Taschengeld trug ich jetzt 30 Kilometer weit nach Bielefeld. Einmal hab ich 5 Mark zusammengespart und bin hingetrampt. Genau zum Ladenschluß kam ich an und hoffte auf ein großes Wunder für ein Fünf-Mark-Stück...." Heraus kam der kleine Kunde mit *Susi* für 4,50 Mark.

Susi war eine weiße Maus, die man über den Mittelfinger stülpen konnte. Wenn Hans-Günter die Handfläche waagerecht hielt, den eingewinkelten Mittelfinger auf und ab bewegte und Susi mit der anderen Hand streichelte, entstand die Illusion, das Tierchen sei eine richtige weiße Maus. „Eigentlich war ich enttäuscht von dem Kunststück, denn die Beschreibung im Katalog klang viel interessanter. Gekauft hab ich es, weil meine Mutter panische Angst vor weißen Mäusen hatte." Dagegen schaut Frau Witt ruhig und vergnügt zu, wenn ihr heranwachsender Sohn den Rasierklingentrick zeigt: „Ich schluckte scheinbar zehn scharfe Klingen, nahm dann einen

SUSI. Die Wundermaus, unser neuer großer Schlager! In der Hand des Vorführenden erscheint zur allgemeinen Heiterkeit plötzlich eine große weiße Maus, quicklebendig und voller Leben! Die Maus bewegt sich völlig lebensecht, turnt auf den Händen des Vorführenden herum, macht „Männchen", kurz gesagt, sie ist sofort der Liebling aller Zuschauer! – „Susi" ist ganz hervorragend aus echtem weißen Fell gefertigt. Sie ist so groß, daß sie auf jeder Bühne und auf kürzester Distanz vorgeführt werden kann. Sie lebt natürlich nicht, sondern funktioniert nach besonders origineller Methode ohne Fäden oder ähnliches. Die Vorführung ist kinderleicht, und Sie werden von „Susi" schon in der ersten Minute so entzückt sein wie Ihre Zuschauer! „Susi" kostet komplett mit vielen Vorführungsanregungen nur **4,50 DM**

Ausnahmslos jeder Kunde, dem wir bisher „Susi", die Wundermaus, zeigten, kaufte diesen Artikel sofort

1963 bot der Bielefelder Zaubergerätehändler Joe Wildon in seinem TRICKSPIEGEL „Susi" an. Wer hätte diesem verlockenden Angebot widerstehen können?

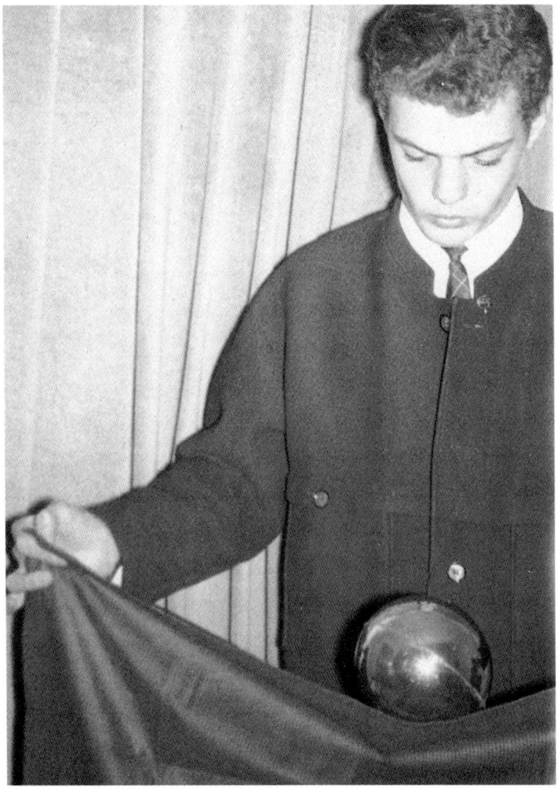

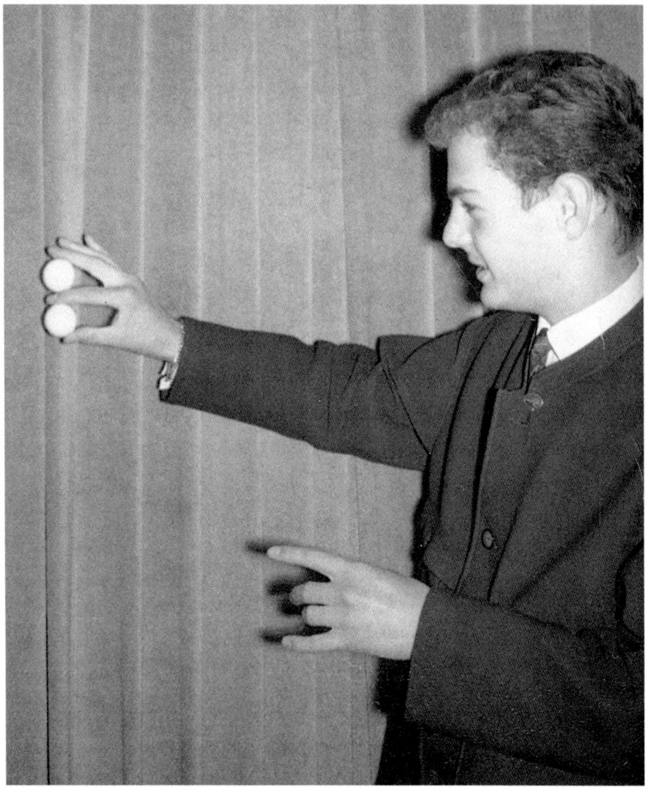

Erste Glanznummern: Mit 14 läßt Hans-Günter die geheimnisvolle Kugel „Zombie" schweben und zeigt den „Chicagoer Billardball-Trick".

langen Faden und schluckte auch den hinunter. Nach wenigen Sekunden zog ich alle Rasierklingen auf den Faden geknüpft wieder aus dem Mund."

Der Schüler denkt noch nicht im Traum daran, daß er dereinst zaubernd durch die Lande jetten wird, übt sich aber auf ungezählten Parties, Geburtstagsfeiern und Schulfesten in der Technik eines Handwerks, das die Zauberei ja zunächst einmal ist. Die meist jugendlichen Zuschauer staunen nicht schlecht, wenn er eine Kugel schweben läßt, Metallringe verkettet und löst oder Billardbälle zwischen seinen Finger wachsen. Zum Spaß an den Kunststückchen muß für den jungen Alleinunterhalter aber noch etwas anderes hinzukommen: „Irgendwann hab ich gemerkt, daß ich zu manchen Feten nur eingeladen wurde, um zu zaubern. Das war mir zu wenig, also hab ich solche Feste gemieden." Er sucht den spielerischen Umgang mit anderen.

Die Freude am Verzaubern einfacher Alltagsdinge entsteht in jenen Jahren ebenso wie der spätere Name des Zauberkünstlers. Wittus ist keine moderne Verbeugung vor dem Heiligen Vitus, auch kein werbewirksam ersonnener Wortgag, sondern dem Schalk von Klassenkameraden entsprungen.

Der Nachwuchskünstler übt: 1967 studiert Wittus den berühmten „Professor-Nightmare-Rope-Trick“ ein. Drei verschieden lange Seile werden gleichlang.

Schon in der Quinta taufen sie Hans-Günter *Wittus - a - um.* Das ist ein flapsiges Echo auf den Familiennamen und auf die Lateinstunden, die niemand gewiefter übersteht als Wittus selbst: „Die Pönse, winzige Wörterbücher, konnte ich so geschickt in der Hand versteckt halten, daß keiner draufkam.“

Trotz ernster Bedenken des Direktors („Jetzt mußt Du aber mal aufhören zu zaubern, sonst schaffst Du das Abitur nicht!“) kommt Wittus durch, zaubert während des Ersatzdienstes auf Feiern aller Art und hat noch immer nichts mit gewerblich betriebener Täuschungskunst im Sinn.

Er will Erzieher werden und beginnt 1972 das Studium der freien Grafik und der Kunstgeschichte an einer Stätte, die turbulent in die internationale Kulturszene hineinwirkt: Kunstakademie Düsseldorf. Ihr Inspirator ist Joseph Beuys, ein charismatischer Gelehrter, der den Hobbyzauberer in seinen bleibenden Bann zieht. Wie Beuys nämlich glaubt Wittus Witt an die Macht des Wortes; wie Beuys behauptet er, daß in jedem Menschen schöpferische Kräfte leben und daß wir nicht das Recht haben, ein Tier zu entwürdigen. Von diesen drei Einflüssen wird an anderer Stelle noch die Rede sein.

Joseph Beuys – der große Inspirator.

Der Student zaubert seinem Professor manchmal etwas vor – sehr zum Vergnügen des berühmten Filzhutträgers –, doch die freie Kunst der frühen 70er Jahre ist ihm zu ungestüm. Mit dieser großen Freiheit kann er nichts anfangen, findet statt dessen auf der Düsseldorfer Werkkunstschule zur angewandten Kreativität des Grafik-Designs. Witts Diplomarbeit ist ein weiterer Fingerzeig auf die spätere Karriere: „Design einer Produktpräsentation" – die Produkte sind Zaubertricks.

Und auch im praktischen Zaubern tut er einen wichtigen Schritt nach vorn. Als einer der ersten macht der 24jährige die Düsseldorfer Altstadt 1973 zum Podium für Straßenkunst.

Ohne die Amerikanerin Judy Carter wäre er wohl kaum zum Freiluftkünstler geworden. Die junge Frau reist damals mit dem Rucksack durch Europa. „Auf einem Weltkongreß der Zauberer 1973 in Paris erzählte sie mir, in Amerika würden junge Leute schon seit ein oder zwei Jahren draußen zaubern – auch sie selbst." Kurz nach dem Kongreß besucht Judy ihren neuen Bekannten am Rhein und schlägt ihm eines Abends vor: „Come on Hans, let's do magic in the street!" In der Altstadt beginnt sie kurzerhand mit ihrer Show, hantiert witzig mit Ringen und Seilen und bringt den Studenten auf die Idee seines Lebens.

Zaubern und Zeichnen sind die Freizeitbeschäftigungen des jungen Kunststudenten. Seine Lieblingsmotive findet er in der Natur.

Auf dem „großen Platz" in Brüssel verzaubert der Düsseldorfer Straßengaukler die Besucher des 15. Weltkongresses der Zauberkunst.

Düsseldorfer Originale: Zusammen mit der Laierkastenfrau Ingrid.

Die Tricktechnik beherrscht der junge Mann schon im Schlaf, als er sich mit Zylinder, Jeans und Frackoberteil sowie einer Gaukeltasche voll Utensilien auf die Bolkerstraße wagt. Fortan geht es um die Verzauberung der Öffentlichkeit: Abendliche Pizza- und Altbierpassanten, Opern- und Theatergänger bleiben verdutzt stehen, wenn der Taschenspieler vor dem schönen alten Sudhaus einen halbrunden Kreidestrich zieht und alsbald die erstaunlichsten Dinge aus dem Hut holt. Plötzlich erscheinen Blumensträuße und Biergläser, Kinderuhren und Spielkarten. Metallringe verbinden sich zur olympischen Formation, baumeln im nächsten Moment wieder lose an seinem Arm. Dann – wuff! – schluckt der Zauberer Flammen, erleuchtet so das munter pochende Herz der Fußgängerzone.

Den Straßenzauberer, der zu einem Düsseldorfer Original, einer unterhaltsamen Altstadtgröße aufsteigt, reizt die greifbare Nähe des Publikums. Er beobachtet und nutzt dessen Reaktionen: „Oft stand die Menge so eng beieinander, daß die heitere

Vor jedem Auftritt in der Düsseldorfer Altstadt wurde zunächst die „Bühne“ festgelegt. Mit einem Stück Kreide zog Wittus Witt einen kräftigen Strich, der für die erste Reihe zur „Loge“ ernannt wurde. Das Publikum durfte und sollte direkt an dieser Linie Aufstellung nehmen. Je enger die Zuschauer standen, desto größer war die Chance, daß eine gute, harmonische Stimmung unter allen Passanten entstand.
Zum Schluß zog Wittus den Zylinder mit den Worten: „Darf ich Sie nun an die rauhe Wirklichkeit erinnern?“

Stimmung schnell ansteckte. Das Lachen des einzelnen übertrug sich nicht nur akustisch auf den Nachbarn, sondern auch körperlich und verlockte zum Mitmachen. Spontan gingen die Leute aus sich heraus, was ihnen leicht fiel, weil sie nicht isoliert standen. So wurden sie nicht so rasch zum Objekt der Neugier."

Jean Pütz lud seine Entdeckung gleich mehrmals in die Hobbythek-Sendungen ein. Hier denken sich die beiden für die „Schabernack-Ausgabe" ein paar Gags aus.

Nach einigen späten Schaustückchen – gerade ist der große schwarze Zylinder rundum gewandert und sein Besitzer will zusammenpacken – tritt ein hochgewachsener Mann mit buschigem Zwiebelbart auf den Zauberer zu. Sein Tonfall ist unüberhörbar kölsch: „Saachen Se mal, mir jefällt dat. Hätten Se nisch Lust, bei mir in einer Fernsehsendung mitzumachen?"

Die WDR-Serie heißt *Hobbythek*, der Herr vom Fernsehen Jean Pütz. So beginnt 1975 die Bildschirmzauberei des studierenden Gauklers. Von der Bolkerstraße bringt er auch das mit: eine unverschämte Sicherheit.

Ebenfalls in der Altstadt erklimmt Wittus eine weinselige Vorstufe zu seiner Bühnenzauberei. Das gute alte *Weindorf*, ein behagliches Varieté, gibt dem Stammgast im Juni 1978 sein erstes Monatsengagement. „Als ich zum Studium nach Düsseldorf kam, hatte es mich gleich dorthin gezogen. Ich sah mir fast alles an – Jongleure, Clowns, Bauchredner, Akrobaten. Nur die endlosen Tanzeinlagen fand ich langweilig. Mit der billigsten Flasche Wein hielt ich mich trotzdem bei Laune." In den Pausen tauscht der Varietéfreund gern Kartentricks mit seinem damaligen Kollegen Roy Gardner aus. Dabei geht es so eifrig zu, daß die beiden den Verdacht einer Serviererin erregen, die sie glatt für Zocker hält. Nachdem das Mißverständnis geklärt ist, wird das Duo allmählich bekannt in dem Haus. Schließlich läßt der nette Bühnenmeister Hans Melihs die Kartentrickser umsonst zuschauen. In einer Kneipe um die Ecke warten Wittus und Roy, bis die Tanzerei wieder mal ein Ende hat und Melihs sie zu den artistischen Nummern ruft – ein anregender Lokalwechsel, der Witts Blick fürs Varietéleben jedoch nicht trübt. „Tolle Abende waren das, wir bekamen Kontakt mit vielen Kollegen. Ihr Artistendasein schreckte mich aber auch etwas ab. Dürftige Garderoben, lausige Quartiere – so wollte ich diesen Beruf nicht ausüben." (Siehe auch S. 120)

Im „Weindorf" verwandelt: Jeans werden zum Smoking.

Und plötzlich war ich Profi

Die Vorboten des Schönen Scheins

Zauberei als Spiel, Gaukeleien als Wochenend- und Urlaubsspaß: Wittus Witt denkt gern an seine Auftritte unter dem Himmel von Berlin, Basel oder Toronto, an den Tingeltangel von historischen Jahrmärkten und Kulturfestivals.

„Damals, in den späten Siebzigern, lief das Zaubern für mich schon sehr gut nebenbei, während ich mit meiner Frau Andrea weiter in unserer herrlich alten Studentenwohnung in Düsseldorf-Oberkassel lebte."

Nach dem Studium hatte es den diplomierten Grafik-Designer doch nicht zum Schuldienst gezogen. Er entwarf und gestaltete in der Ideenschmiede einer Düsseldorfer Werbeagentur, und einiges von dem, was ihm dort einfiel, hat bis heute Bestand. So rollt etwa sein Mr. Softy, das Markenzeichen des Milchhofs Niederrhein, täglich immer noch auf Lastern gemalt durch Deutschland.

Foto-Tricks: Mitte der siebziger Jahre läßt sich der angehende Berufler erstmals professionell ins Bild setzen. Die Aufnahmen sollen unverwechselbar einen Zauberer zeigen. Er kommt daher auf die Idee, einen Zaubereffekt durch Mehrfachbelichtung nachzuahmen. Bald sind die Fotos im Umlauf und erregen viel Aufmerksamkeit. Leider auch die eines Amateurzauberers, der in das Seil-Foto einfach seinen eigenen Kopf montiert...

1979 löst sich die Werbeagentur auf – einer ihrer kreativsten Köpfe muß sich nach einem neuen Job umschauen. „Klinken putzen wollte ich nicht, also beratschlagte ich mit Andrea, ob ich es riskieren sollte, von der Zauberei zu leben. Andrea war einverstanden – plötzlich war ich Profi."

Der weibliche Anteil an diesem Entschluß hat ebensoviel Gewicht wie zuvor die Rolle, die Judy Carter spielte, als der

Sein erstes Zauberatelier stellte Wittus Witt im Januar 1983 der Öffentlichkeit vor.

Freizeitzauberer hinaus auf die Bolkerstraße ging. „Ohne Andreas Unterstützung wäre es zum Sprung ins Profilager nicht gekommen, denn ich wußte, daß er auch ihr Leben verändern würde."

Seine Frau, eine Deutsch- und Kunstlehrerin, sagt freilich nicht nur Ja und Amen. Sie versteht sich von Beginn an als kritische Begleiterin, die Wittus hart auf jenem Kurs hält, der mit den Jahren bezeichnend für ihn wird: skeptisch gegenüber der gängigen Zauberei und manchen Offerten der Geschäftswelt; unabhängig die eigene, künstlerische Linie suchend.

Die beiden ziehen 1980 aufs Land nach Willich, wo der junge Berufszauberer in einem umgebauten Kuhstall ein Atelier einrichtet. Teile seiner betörenden Sammlung von Zauberkästen, historischen Plakaten und Büchern stellt er hier in Vitrinen aus. Anläßlich der Eröffnung ruft er mutig zu seiner

„Im Kuhstall wird die Zauberei zur Wissenschaft", titelte am 3. Februar 1983 die Westdeutsche Zeitung und spielte damit auf den früheren Verwendungszweck der Räume an.

ersten Pressekonferenz: Etliche Zeitungen und einmal mehr das Fernsehen interessieren sich für die kuriose Schau, die in abgewandelter Form vorher schon in Städten wie Amsterdam, Düsseldorf und Neuss zu sehen war. Dann fällt dem mehr oder weniger gut beschäftigten Gaukler etwas auf: „Alle meine Briefe hatte ich bis dahin mit einer uralten Adler-Schreibmaschine getippt. Als ein Freund mir eine elektronische Schreibmaschine mit Diskettenlaufwerk anbot, hat mich dieses Ding total begeistert. Ich fing an, ein richtiger Profi zu werden."

Wittus besinnt sich auf seinen studierten Beruf und erkennt: „Junge, Du bist eine Ware, die verkauft werden muß!" Dazu muß man bekanntlich viele nette Briefe schreiben, was ihm mit dem elektronischen Schreibgerät, einer angeborenen Formulierungsgabe und hartnäckigem Nachfassen auch bald gelingt.

Er zaubert jetzt häufiger werbewirksam in Firmensitzen und Messehallen, auf Bällen und Kongressen. Namhafte Computerhersteller und ein Produzent von Kartoffelchips zählen zu den ersten zahlungskräftigen Kunden. Lag Witts Jahresumsatz 1982 noch bei rund 45.000 Mark, so kassiert er im Jahr darauf schon fast das Doppelte, und 1984 – inzwischen mit ausgewachsenem Computer – sind es annähernd 120.000 Mark.

Während andere Berufskollegen zunächst meist darben, kann dieser trickreiche Selfmademan nicht klagen. Seine lukrativsten Kniffe: ein professioneller Arbeitsstil und wenig Scheu vor der Produktzauberei. Jetzt auch öfter mit dem einmaligen Jeans-Frack auftretend, der in den Achtzigern sein Markenzeichen wird, läßt er aus einem leeren Zeitungsblatt elektronische Steuerungsteile erscheinen, verwandelt hohe Objektive in einen neuen Fotoapparat oder sagt mittels einer Videokassette einen frei gedachten Gegenstand voraus. 1987 ziehen die Witts nach Krefeld in eine Villa.

Bedenken, ob er nicht allzu oft in der Welt der Waren auftrete, kontert der agile Vermarkter seiner Kunst so: „Ich selbst verkaufe ja keine Produkte und werbe nicht für jede Sache.“ Vor allem läßt er die eigene Person nicht zur toten Ware degradieren. Versuche, mit Künstleragenturen zusammenzuarbeiten, schlagen deshalb zumeist fehl. „Sind Sie dann und dann frei? Wie teuer? OK, wir melden uns.“ Solch lieblose Vermittler-Anfragen, die für Form und Umfeld einer Darbietung nichts übrig haben, stoßen den zaubernden Ästheten ab. Selbstkritisch wiegt der Erfolgreiche den Kopf, wenn er auf zwei, drei Schauplätze zurückblickt, um die er heutzutage einen Bogen macht. „Sicher würde ich nicht mehr in Fernsehsendungen auftreten, bloß um die Neugier von Zuschauern zu befriedigen, die wissen wollen, wie bestimmte Tricks funktionieren."

Gala-Veranstaltungen mit Entertainern, die sich aufdringlich zwischen Suppe und Hauptgang präsentieren und den Gästen fast in den Teller zaubern, meidet er heute ebenfalls. Und auch beim Gedanken an seinen Weltmeister-Titel in der Sparte

Comedy Magic, errungen 1976 auf einem Weltkongreß der Zauberkünstler in Wien, bekommt Wittus Witt gemischte Gefühle. Immerhin landete er dort mit seinem damaligen Partner Roy Gardner einen nachhaltigen Lacherfolg. Das Duo bot eine witzige Variante des *Zick-Zack-Girls*: Roy spielt in dieser Illusion den vornehm-reservierten Zaubermeister, Wittus seinen arroganten Butler, der für den Meister die Arbeit verrichtet und dort weiterzaubert, wo der große Meister versagt.

Wettbewerbe, die Zauberer für Zauberer ausrichten, hält er mittlerweile für bedenklich. „Solche Treffen gleichen fast einer Inzucht, die oft nur den sportlichen, handwerklichen Ehrgeiz anstacheln, aber selten Gespür für Kunst fördern. Es gibt ja auch keine Weltmeisterschaft für Maler, Bildhauer oder Geiger!"

Ein stilvoller Rahmen für seine Gaukelstückchen war schon dem Studenten wichtig, der sich am liebsten vor einem reich

1965 erfand der Engländer Robert Harbin die „Zick-Zack-Girl-Illusion", die bald zum Standardrepertoire von Amateur- und Berufszauberern wird. Elf Jahre später entwickeln Witt und sein Partner Gardner eine humoristische Variante dieses Kunststücks. Zuvor spielte Witt mit Blick auf die vielen weiblichen Assistentinnen von Zauberkünstlern einen Butler, der für seinen Herrn die Zauberarbeit verrichtet. Ab und zu ärgert er ihn auch. Dafür wird der Butler zum Schluß dreigeteilt.

verzierten Altbau, einem grazil geformten Eisenzaun oder unter Arkaden postierte, ein paar Armlängen vom Publikum entfernt.

Diese Vorliebe hat der Freiberufler kultiviert, sie hält ihn ziemlich abseits vom lauten Showbusiness. Überschaubare Gesellschaften, seien es erlesene Firmenfeste oder private Edelfeiern bei Quandts oder Henkels, erleben ihn häufiger als Gala-Gäste in riesigen Sälen.

Wie jeder Künstler schätzt er es, mit seiner ureigenen Schau, seiner Kunstform ungeteilte Aufmerksamkeit zu wecken. Je persönlicher der Rahmen auf ihn zugeschnitten ist, desto wohler fühlt er sich: „Es kommt vor, daß eine Familie die Feier zur Taufe des Neugeborenen verschiebt, weil sie nicht in meinen Terminkalender paßt..."

So haben neben den Fernseh-Auftritten vor allem Witts abendfüllende Gastspiele auf Bühnen zugenommen. 1990 gab er seine erste Vorstellung in einem Theater, dem *halbNeun-Theater* in Darmstadt. 1992 gaukelte er als erster Zauberer überhaupt im Düsseldorfer *Kom(m)ödchen*, dem Kleinkunst-Olymp für Schauspieler, Literaten und Maler. Nirgends war er 1994 öfter zu sehen als auf Bühnen mit zumeist kritisch-verspieltem Namen: *Die Kleine Freiheit* in München, das *Renitenz-Theater* in Stuttgart, die Berliner *Tribüne*. Engagements im renommierten Mainzer *unterhaus* und im Kölner *Senftöpfchen* standen Ende 1994 fest. „Es war und ist ein wunderbares Gefühl, wenn die Zuschauer zum Zauberer kommen", freut sich der Solist des *Schönen Scheins.*

Bernd Schäfer regt seinen Freund 1982 zu einem längeren Auftritt an, aus dem im Laufe der Jahre das Solo-Programm „Schöner Schein" wird.

Witts Soloprogramm hat in Schüben das Licht der Bühne erblickt. Es ist gewachsen – so wie dieser Künstler überhaupt in seine Karriere allmählich hineinwuchs. Erster Geburtshelfer des *Schönen Scheins* war Bernd Schäfer, ein vorzüglicher Hobbyzauberer, der seinen Freund Wittus 1982 um eine Privatvorstellung bei sich zu Hause in Bremerhaven bat. Mindestens 45 Minuten sollte sie aber dauern. Der Zauberer erinnert sich:

„Bis dahin dauerten meine Darbietungen gerade so 20 Minuten. Angeregt durch ganz alte Zauberkästen in meiner Sammlung, stellte ich ein kleines Programm mit den kuriosesten Altertümchen zusammen – Großmutters Halsband zum Beispiel, die Ahle und der Faden durch die Nase. Eine große alte Tragetasche hatte ich ja schon während meiner Straßenzauberei. Damit stand ein erster und ein zweiter, eher moderner Teil fest.“ Der Auftritt in Bremerhaven dauert wie verabredet eine knappe Stunde.

Kurz darauf gibt der Taschenspieler eine Ausstellung im Neusser Clemens-Sels-Museum: „Da wollte ich natürlich auch zaubern, denn eine Zauberkasten-Ausstellung muß lebendig sein. Mit einer Mitarbeiterin des Museums dachte ich mir einen Titel für die Kasten-Schau aus: *Zauberwelt der Taschenspieler.*“

Daraus wird zugleich der Titel des Abendprogramms – es ist immer noch 45 Minuten lang. Eine deutliche Verlängerung bietet er schon 1987 den Zuschauern, die ihn anläßlich seiner Ausstellung im Stadtmuseum Düsseldorf sehen. Auch hier kommt es zu begleitenden Abendvorstellungen: Ihr erster, historischer Akt ist nun bereits auf 25 Minuten angewachsen; der zweite auf etwa 35 Minuten. Ein Jahr später, im Münchner Stadtmuseum, bringt Witt Teil eins auf 35, Teil zwei auf 40 Minuten. Das Programm heißt nach wie vor *Zauberwelt der Taschenspieler.*

SCHÖNER SCHEIN

1989 schreibt der Zauberer für das Beilagenmagazin des Handelsblatts einen Artikel über seine Kunst. Der Chefredakteur gibt dem Beitrag die Überschrift *Schöner Schein* – eine griffige, bildhafte Formulierung, die der Autor sofort für sein Soloprogramm übernimmt. Unter neuem Namen nimmt die Dimension merklich zu: Bald erstrahlt der Schöne Schein vor der Pause 55, danach 50 Minuten lang.

Für den letzten, theatergerechten Schliff sorgt Wittus Witt gemeinsam mit einem Dramaturgen. Ihm haben die Zuschauer beispielsweise den Übergang vom historischen zum modernen Akt zu verdanken, in dem der Zauberer nahezu ganz auf äußere Hilfsmittel verzichtet.

TRIBÜNE
Zauber-
soiree
WITTUS
WITT
27.12.-31.12.
Schöner
Schein

Wie kaum ein anderer Zauberer in Deutschland hat Wittus Witt die Theaterbühnen erobert. Rund 120 Minuten lang verzaubert er auf ausgedehnten Tourneen sein Publikum.

Im ersten Akt des „Schönen Scheins“ führt Wittus Witt seine Zuschauer durch die Historie der Gaukelkunst. Dazu zählt das Becherspiel, bei dem Bälle unter den Bechern hin- und herwandern, ebenso der Faden durch die Nase und Kunststücke mit einem Seil. Und so wie einst auf Straßen und Märkten Enthauptungs-Illusionen gezeigt wurden, zaubert Witt mit seiner „handlichen“ Guillotine.

Im zweiten Akt sind die Requisiten überschaubar und dem Zuschauer vertraut. Es sind Alltagsgegenstände – etwa eine große Papiertüte oder das Jackett eines Zuschauers –, denen Witt einen Zauber entlockt. Daß auch in einem einfachen Bogen Papier Zauberhaftes verborgen sein kann, demonstriert Wittus Witt eindrucksvoll mit Falt- und Schneidekünsten.

Freiluftkunst:
Beim Kultursommer in Wesel kamen mehr als doppelt so viele als erwartet, so daß man die Bühne nach draußen verlegen mußte.

Westfälische Nachrichten

Die Philosophie der Täuschung überzeugte

Wittus Witt mit seiner anderen Art der Zauberei /„Schöner Schein“ im Borchert-Theater

Show und Scherz – garniert mit viel Charme. Der zweistündige Ausflug in die Welt der Magie und Zauberei ließ nichts zu wünschen übrig. Zauberei als Kunstform. Der Auftritt von Wittus Witt im Wolfgang-Borchert-Theater war mehr als nur ein „Schöner Schein“. Auch wenn der Titel seines Solo-Programmes nur diesen versprach.

Der aus Funk und Fernsehen bekannte Magier verstand es am Donnerstag abend bei seinem Bühnenauftakt in Münster das Publikum von der „Philosophie der Täuschung“ zu überzeugen. Und zwar vollends! Erscheinen, Verschwinden, Verwandeln, die drei Hauptprinzipien der Zauberei variierte Wittus Witt faszinierend und erfrischend offen. Vor allem auch, weil die Erklärungen seiner Tricks stets im (humoristischen) Ansatz stecken bleiben.

„Ich kann natürlich nicht wirklich zaubern“, stellte der Künstler zu Beginn seiner Soirée desillusionierend fest. Manch ein Zuschauer mochte das fast nicht glauben: Aus einer scheinbar leeren Papptüte holte der Magier ein volles Glas Orangensaft hervor. Eine brennende Zigarette ließ er in einem geliehenen Jackett verschwinden. Aber Glück gehabt: Nichts passiert! Das staunende Publikum ermunterte er: „Klatschen sie ruhig, ich fand das auch ganz gut.“ Überhaupt: neben der Zauberei war es gerade der Wortwitz des Künstlers, der den Abend zu einem kurzweiligen Vergnügen machte.

Wittus Witt entführte sein Publikum auf einen Steifzug in die Geschichte der Zauberei. Mit den Tricks der Taschenspieler und Gaukler eröffnete er die magische Vorstellung. Da verschwanden Bälle und Würfel schier im Nichts. Es waren jedoch nicht nur die Kunststücke althergebrachter Art: Aus gefaltetem Papier beispielsweise entwickelte er die unglaublichsten Gegenstände.

Im zweiten Teil seines Programms gab sich Wittus Witt dann seiner Philosophie der Zauberei hin: „Wo die Kunst anfängt, treten die Apparate in den Hintergrund“, bekannte er. Die Phantasie wollte er aktivieren. So versetzte er die Zuschauer, die ihm während der Vorstellung bereitwillig als Zauberassistenten zur Seite standen, ohne großen technischen Aufwand in Staunen.

Und an diesem Abend stimmte auch das Motto des Zaubermeisters: „Künstler und Zuschauer sind zwei Hälften, die ein erfolgreiches Ganzes ergeben.“

Dirk Anger

Passauer Neue Presse

NIEDERBAYERISCHE ZEITUNG

Glauben gehört dazu

Eine zauberhafte Premiere - und wie entspannend! Endlich einmal nicht der klassische Theaterabend. Denn „Schöner Schein“ ist eine theatralische Zauber-Show mit präziser Dramaturgie und höchster Spannung. In perfekter Entertainment-Tradition dargeboten von Wittus Witt, Deutschlands bekanntestem Fernseh-Zauberer, Verfasser mehrerer Zauberbücher, Besitzer der größten Zauberkasten-Sammlung der Welt samt eigenem Museum.

Wittus Witt ist der telegene Sproß der jahrhundertealten Dynastie der Gaukler, Magier und Taschenspieler. Ein Zauberkünstler, der die Psychologie der Täuschung wie kaum ein anderer beherrscht. Der durch seinen Charme ebenso begeistert wie mit seiner Eloquenz und der atemberaubenden Fingerfertigkeit, mit der er die Tricks vorführt.

Wittus Witt arbeitet ohne großen Requisitenaufwand, mit alltäglichen Gegenständen, Bällen und Karten, Papier, Tüchern und Seilen, mit Fesselung (der Finger) und Feuer. Als Exkurs in die Geschichte der Zauberkunst gestaltet er seinen Abend. Zu den Histörchen vom Mittelalter bis zur Neuzeit führt er seine Künste vor. Plaudernd provoziert er Staunen und Verzauberung des Publikums, um manchmal aus der Rolle zu schlüpfen und seine Kunst ironisch zu erklären oder zu kommentieren: „Ich kann gar nicht zaubern – Sie zaubern mit Ihrer Phantasie“ meint er untertreibend zu seinen Zuschauern. Die werden übrigens auch als Hilfskräfte auf der Bühne eingesetzt und sorgen für zusätzliche Heiterkeit

Barbara Reitter

DER TAGESSPIEGEL

RERUM COGNOSCERE CAUSAS

Reich der Sinnverwirrung

Wittus Witt in der Tribüne

Mit Worten ist dem Manne, wie jedem besseren Zauberkünstler, nicht beizukommen. Das hat seine Gründe: Die Naturgesetze scheinen für ihn nicht zu existieren; das Sichtbare und das Unsichtbare sind für ihn nur zwei Seiten einer und derselben Sache, und mit der Undurchdringlichkeit der Materie mag es für den Rest der Menschheit seine Richtigkeit haben, nicht jedoch für ihn, den Taschenspieler und Gaukler: Wenn Wittus Witt aus der Luft unsichtbare Orangen in verblüffte leere Papiertüten plumpsen und als ein Glas mit Orangensaft wieder sichtbar werden läßt und wenn seine Spielkarten beim Irrlichtern durch die Hände und Taschen seiner Zuschauer ständig die Farben und Formate wechseln, dann beginnt man an seinen Versicherungen, Zauberei und Magie habe es im Grunde nie gegeben, allmählich zu zweifeln – und das natürlich nicht ungern.

Witt zaubert in der Tradition des Franzosen Robert-Houdin und des Österreichers Hofzinser, die das Zaubern in ihren kleinen Theatern in Paris und Wien in der Mitte des 19. Jahrhunderts zur Kunstform deklarierten.

Weil Witt mit der Sprache fast so charmant und gewitzt umzugehen versteht wie mit den Requisiten aus seiner Zaubertasche, hörte und sah das Premierenpublikum in der Tribüne gern zu, wie der Conférencier Witt und der Zauberkünstler Witt einander immer wieder die Show zu stehlen versuchten. Beide rechtfertigten den Programmtitel „Schöner Schein“ zwei unterhaltsame Stunden lang mit jedem Wort, jedem Trick, jeder Gaukelei.

HELLMUT KOTSCHENREUTHER

taz Bremen

Der kann gar nicht zaubern!

■ Verblüffend täuschend verspielt: Wittus Witt im Packhaustheater

Also wenn ich Claudia Schiffer wäre – glatt würde ich diesen gigantischen Zauberzwerg David Copperfield irgendwo bei Las Vegas in die Wüste schicken, um mir dann den Taschenspieler Wittus Witt zu krallen, der da noch bis einschließlich Sonntag im Bremer Packhaus-Theater gaukelt. Wo der Stars & Stripes-Großillusionist Heerscharen von Komparsen dirigiert und ganze Truck-Karawanen mit HighTech-Simsalabim durch die Lande rollen läßt, rückt der Herr Witt ganz ohne stechende Augen und nur mit einem Köfferchen an. Schaut mit seinem eleganten Graukopf aus dem Bühnenfrack drein wie eine Mischung aus Bodo Kirchhoff und Elmar Gunsch. Versichert immer wieder, daß gar nicht er zaubern kann, sondern lediglich die Phantasie des Publikums – und währenddessen geschehen schon wieder alle kleinen Wunder dieser Welt vor sprachlosen Mündern und ungläubigen Augen. Eingehend prüfen die Skeptikerinnen die leere Packpapiertüte und schwuppidiwupp fallen wie aus Nowhere-Land die Apfelsinen hinein, platsch, platsch. Ein nächster Griff, schon holt der Witt ein Glas Orangensaft aus der Tüte, vielleicht drei Armeslängen von uns entfernt im hellen Bühnenlicht: Da können die Schulkinder aber mal tüchtig über Onkel Dittmeyer lachen! Derweil hängen massive Metallringe wie von Geisterhand geführt in- und umeinander, aus dem Publikum gedanklich fixierte imaginäre Spielkarten schieben sich wie von selbst aus einem echten Kartenset hervor und Stricke werden lang und länger, so oft sie auch vom spontanen Helferlein aus dem Publikum mit roher Scherengewalt gekappt werden. Wenn dann auch noch der Kritikus der anderen ortsansässigen Heimatzeitung um sein Jackett beschwatzt wird, und der Entertainer darin genüßlich seine Zigarette ausdrückt, und das gute Stück anschließend noch mit dem Messer durchbohrt, kennt schlichte Schadenfreude kaum noch Grenzen. Doch, Hokuspokus, ohne Zauberkasten oder verhüllenden Vorhang, da ist das gute Stück schon wieder schön und ganz und so lässig ungebügelt wie zuvor. In heiratsschwindlerischer Gewandtheit plaudert Wittus Witt dazu über Aristoteles und Hexenverbrennung, Psychologie und Geschichte der Zauberei. Denunziert so nebenbei auch noch all den Quark, der da von Wunderheilern, Magiern und ihren Medien auf der esoterischen Obskurantenwelle der PSI-Phänomene zur Bedeutungsschwere breitgetreten wird und zeigt sich damit als virtuoser Unterhaltungskünstler der materialistischen Aufklärung. Wenn er dann zum guten Schluß wie ein hektischer Schulbub in eine EDV-Papierrolle hineinschnippelt und daraus in furiosen Sekunden ein Transparent entstehen läßt, das uns mit dem herausgeschnittenen Spruch „Ein zauberhafter Abend im Packhaus" aus dem kleinen Schnoortheater entläßt, hat man gute zwei Stunden besten Entertainments genossen: Tauben und Kaninchen, weiße Tiger und schwebende Jungfrauen werden dabei durchaus nicht vermißt.

Ulrich Reineking-Drügemöller

Allgemeine Zeitung
MAINZ

Magie als Kunstform

Zaubersoirée mit Wittus Witt im kleinen „unterhaus"

mei. – Eigentlich könne er gar nicht zaubern, versichert Wittus Witt immer wieder. Doch was er bei der Zaubersoirée „Schöner Schein" jetzt im „unterhaus" in Mainz bietet, grenzt ans Unglaubliche. Mit verblüffenden Taschenspielertricks und eindrucksvollen Demonstrationen entführt der Magier sein Publikum in ein Reich, in dem Phantasie zur Realität wird. Das Soloprogramm besteht aus zwei Akten, wobei der Betrachter zunächst durch die Historie der Zauberkunst geführt wird. Vom Taschenspieler des Mittelalters zum Entertainer des 20. Jahrhunderts – im zweiten Teil der zweistündigen Vorstellung präsentiert Wittus Witt dann den modernen Zauberkünstler. Dabei beschränkt er sich nur auf wenige einfache Requisiten wie Spielkarten, Würfel und Seile, denen er ihren Zauber mit Hilfe der Zuschauer, die als „Assistenten" fungieren, entlockt. „Denn der Zauberer hat keine übernatürlichen Kräfte, er kann nur gemeinsam mit dem Publikum Erfolg haben", sagt Witt. So stehen die einzelnen Kunststücke denn auch nicht für sich, sie sind Mittel zum Zweck, um mit den Zuschauern zu kommunizieren. Die Täuschungen werden zu Wundern indem der Zauberer die Phantasie des Publikums anregt und die staunenden Betrachter in sein Spiel miteinbezieht. Durch den engen Kontakt zum Publikum, viel Humor und einen Schuß Selbstironie gelingt es Wittus Witt, die Zuschauer in seinen Bann zu ziehen. Gemäß seinem Motto „Phantasie und Kommunikation" zeigt er, daß keine aufwendige Technik und keine Apparaturen notwendig sind, um das Unmögliche möglich zu machen. Die Prinzipien der Zauberkunst, welche die Täuschungen bestimmen – Dinge erscheinen Dinge verschwinden, Dinge verwandeln sich –, beherrscht der Künstler meisterhaft. Die außergewöhnliche Dramaturgie und die Art der Interpretation zeigen, daß Zauberei für Wittus Witt nicht nur artistische Leistung bedeutet, sondern eine Kunstform ist.

Alles ist Schein, doch nur zum Schein

Das intelligente Spiel mit der Illusion

Seit Jahren führt Wittus Witt einen zähen Kampf mit der Post. In den Gelben Seiten möchte er in einer Rubrik stehen, die es noch nicht gibt: *Zauberkünstler.* So selbstverständlich, wie *Grafik-Designer*, *Übersetzer* oder *Schauspieler* ihren eigenen Gratis-Grundeintrag bekommen, stehe dieser auch den Zauberern zu – meint der Spitzenvertreter seiner Zunft. Doch die Post rührt sich kaum vom Fleck. Ihr Kompromißvorschlag: Im Inhaltsverzeichnis des Branchenbuchs der Begriff *Zauberkünstler*, jedoch nur mit dem Querverweis *siehe Artist.* Witts Künstlerseele bringt das in Harnisch: „Wir sind nun mal keine Artisten!“

Sein Protest beruht auf einem Anspruch an sich selbst, den man in Deutschland Taschenspielern einfach nicht zutraut, obwohl sie gerade hier eine reiche Tradition haben. Früher oder später wird sich der streitbare Gaukler wohl auch mit dem Brockhaus anlegen, der einen Zauberkünstler als jemand definiert, der „scheinbar Unmögliches durch Geschicklichkeit und Tricks bewirkt“. Was den Praktiker daran stört, ist die Betonung der „Geschicklichkeit“, also die vermeintliche Klammer mit seinen Freunden, den Artisten.

„Manuelles Geschick“, so grenzt er sich entschieden ab, „ist nur ein sehr kleiner Teil der Zauberei. Zahllose Karteneffekte etwa sind nur durch ausgeklügelte Strategien und psychologische Finessen möglich. Die Zauberkunst fordert vom Akteur ein besonderes *Denken*, das gegen den Strich des Zuschauerhirns geht.“ Witt hat dafür den Begriff des „unlogischen Denkens“ geprägt: „Ich weiß, wie das Publikum sich in bestimmten Situationen verhält, kann daher sein Handeln voraussehen und es täuschen, indem ich gegen die Gesetze der Logik verstoße.“ Den intelligenten Umgang mit dem Zuschauer auf eine Zurschaustellung von Handgriffen zu reduzieren – Wittus Witt ist das zu wenig.

Aber auch seine Kopfarbeit, sein Blick für Denkmuster, denen er flink ein Schnippchen schlägt, macht allein noch nicht das Spezifische am Zaubern aus, wie Witt diese Kunst versteht. „Die Kunst bleibt auf der Strecke, wenn ein Zauberer nicht genauso wie ein Maler oder Musiker das Bedürfnis hat,

sich Menschen mitzuteilen. Am Ende des 20. Jahrhunderts ist Kommunikation der wichtigste Aspekt des menschlichen Lebens – das gilt für Zaubervorstellungen wie für alles andere." Keine Gerätschaften sollen die Tuchfühlung verbauen: „Ich bin ganz nah beim Zuschauer, der nicht in einer Masse untergeht. Ich kann ihn direkt ansprechen – diese Intimität gewinnt immer mehr an Bedeutung."

Für die Zwiesprache über die Bühnenrampe hinweg braucht Wittus Witt ziemlich gleichwertige Partner, denn „nur gleichwertige Partner können gut miteinander auskommen." Darum macht er seine Zuschauer von Anfang an zu Verbündeten: „Ich weiß, daß es keine Zauberei gibt. Warum soll ich dieses Wissen für mich behalten? Ich teile es von vornherein mit."

„Die Kunst bleibt auf der Strecke, wenn ein Zauberer nicht genauso wie ein Maler oder Musiker das Bedürfnis hat, sich Menschen mitzuteilen."

Großzügig eröffnet er den Zuschauern, daß ohne ihre Bereitschaft, an scheinbare Wunder zu glauben, jeder Zauberer sofort wieder abtreten könnte. „Man kann allein Schach spielen, Bilder malen, Briefmarken sammeln, aber nicht allein zaubern. Erst durch mindestens ein Gegenüber wird mein Tun zum Kunststück", weiß der Mitteilsame und läßt sich bis hierhin gern in die Karten blicken – eingedenk der Lehre des Joseph Beuys, daß in jedem von uns ein Künstler schlummert. Auf Witts Kunstform gemünzt, heißt das nichts anderes als: Wir zaubern mit, fühlen uns durch unser Vorstellungsvermögen ein in die Welt der schönen Täuschung.

Ein idealtypischer Witt-Anhänger hat ihm einmal treffsicher geschrieben, auf welches Bewußtsein es im Saal ankommt, damit die Vorführung gelingt: „Alles ist Schein, doch nur zum Schein." Der Zuschauer denkt weg von der Oberfläche des Tricks auf der Bühne. Die Illusion entsteht in den Köpfen und in den Herzen.

Freilich ist die Einweihung durch den Zauberer wohldosiert. Witt beachtet eine Grenze, die kein Täuschungskünstler übertreten darf, will er nicht zum Spaßverderber werden. „Staunen ist der Anfang aller Philosophie", lautet sein erster Satz im Bühnenlicht, und mag der schwarze Herr noch so locker bekennen, daß er ja gar nicht zaubern kann: Gelegenheit zum Staunen bietet WW in jeder Minute. Den Mantel des Trick-Geheimnisses lüftet er nämlich viel flüchtiger, als der freimütige Prolog vermuten läßt. Hat man gerade erst erklärt bekommen, warum einmal auf der Karte drei, dann wieder nur ein Karo zu sehen ist, präsentiert er eben diese Spielkarte plötzlich mit acht Karos. Das läßt sich wiederum überhaupt nicht erklären. Das Rätsel des einzelnen Zauberkunststücks bleibt uns verborgen, auf daß wir das Staunen nicht verlernen und uns eine Ahnung zufliegt von dem, was in der Welt des Wunderbaren möglich ist.

Konkret und zeitkritisch sind eine Reihe weiterer Anliegen. Wittus Witt zieht kein zappelndes Kaninchen aus dem Hut und hält keine Taube triumphierend hoch, schon gar nicht bunt eingefärbte, die artig aus einem ebenso bunten Tuch erscheinen. Auf der Bühne sagt er auch, warum er gegen das Zaubern mit Tieren ist: „Viele Menschen haben noch nicht begriffen, daß Tiere Persönlichkeiten sind. Sie gehören dorthin, wo die Natur sie hingebracht hat – und nicht in kleine Kisten und Kästen." Für den Herren der Ringe und Stricke, den Dompteur der Tücher und Spielkarten zeugt es von einer maßlosen Überheblichkeit, Tiere gefangenzuhalten und abzurichten.

Joseph Beuys hat dieses Empfinden gefördert, indem er das gestörte Zusammenspiel von Mensch und Natur immer wieder anprangerte. „Beuys sagte, Pflanzen und Tiere seien entrechtet worden, man müsse ihnen ihr Recht zurückgeben", erinnert sich sein früherer Schüler. „Dieser Aufruf verfolgt mich bis heute." Kaum eine Aktion des Kunstgelehrten hat Witt stärker beeindruckt als die mit dem Kojoten in den USA: Tagelang ließ Beuys sich mit dem Tier einsperren. Ein dramatisches Zeichen der Solidarität.

Der Aufklärer im Gewand des Gauklers schimmert auch durch, wenn er seine riesige Zeitungspalme furios in die Höhe schnipselt und nebenbei laut nachdenkt: „Seltsam – da wird immer mehr mit Computern gearbeitet, aber der Papierberg nimmt und nimmt nicht ab." Oder wenn er den Uri-Geller-Trick mit den sich biegenden Löffeln parodiert. So wird okkulte Scharlatanerie sanft gebrochen, das Bild vom übermenschlichen Magier durchkreuzt. „Ich zweifle nicht einmal daran, daß es übersinnliche Erscheinungen gibt", erläutert der Zauberer mit dem Hintersinn. „Aber kein Mensch ist im Besitz solcher Kräfte, niemand kann sie befehlen."

Wie begrenzt unsere Wahrnehmung ist, wie geschwind sich unsere fünf Sinne irritieren lassen, belegt schon der schlichte Nachahmungstrick mit den bloßen Händen. „Heben Sie mal Ihre rechte Hand, und ballen Sie sie zu einer Faust", sagt der Zauberer. „Und jetzt strecken Sie den Zeigefinger und den kleinen Finger hoch... und fassen sich damit ans rechte Ohr." Während Wittus Witt die Hände der Zuschauer dirigiert, schauen sie ihn an. Er macht alle Handbewegungen mit. Doch

„Man kann allein Schach spielen, Bilder malen, Briefmarken sammeln, aber nicht allein zaubern.
Erst durch mindestens ein Gegenüber wird mein Tun zum Kunststück."

als der Befehl kommt, die Hand ans Ohr zu legen, legen die meisten sie statt dessen ans Kinn, weil auch der Zauberer sie ans Kinn gelegt hat. Die Täuschung hat funktioniert.

„Seien Sie skeptisch, wenn Ihnen jemand vormachen will, er habe übernatürliche Kräfte", empfiehlt dieser Zauberer und schwingt sich damit von einem Podest herunter, auf dem viele Kollegen genüßlich thronen. „Ist das nun ein Trick, oder ist es vielleicht doch mehr?" fragen sie mit pathetisch gehobener Braue, kaum daß sie verborgene Gedanken erraten oder exakt die Zeitungszeile vorgetragen haben, die doch verschlossen in einem Couvert steckt.

„Seien Sie skeptisch, wenn Ihnen jemand vormachen will, er habe übernatürliche Kräfte."

Witt aber fragt angesichts solcher Selbstbeweihräucherung: „Wie soll man denn beurteilen, ob ein Gedanken-Experiment Trick ist, wenn jeglicher Einblick in die Hintergründe verwehrt wird?" Mentale Wunderkerzen zündet er, um gleich darauf zu versichern, daß sie Menschenwerk sind. „Sehen Sie, meine Damen und Herren, so ein Kunststück sieht doch aus wie ein phantastisches Phänomen. Aber es ist ausschließlich mit unseren naturwissenschaftlichen Erkenntnissen zu erklären. Bisher wurden noch alle Medien eines Trickes überführt." Charmant entzaubert hier jemand eine oftmals selbstherrliche Zunft.

Daß bis heute viele Zeitgenossen an Geister glauben, zeigen ihm verzweifelte Briefschreiber, die von seinem guten Draht ins Jenseits überzeugt sind und daran ihre ganze Hoffnung knüpfen. Kaum zu glauben, aber wahr ist Witts Erlebnis mit der Kulturamtsleiterin einer bayerischen Großstadt. Die strenggläubige Dame wehrte sich heftig – und vergeblich – gegen eine Ausstellung seiner Zauberkästen im städtischen Spielzeugmuseum: Zauberei hält sie für ein Werk des Teufels. Erfolgreich war ihre Intervention ein Jahr später, als das dämonische Geschöpf namens Wittus Witt zur Abschiedsfeier der Museumsleiterin eingeladen wurde. Die fromme Kulturhüterin hörte von der Einladung und stellte die Veranstalter vor die Wahl: „Entweder komme ich, oder Herr Witt kommt, aber dann komme ich nicht." Der Zauberer wurde ausgeladen.

Eine Kartenvoraussage

Vor der Vorführung haben Sie den Namen einer von fünf Spielkarten auf einem Zettel notiert. Dieser Zettel ist für alle Zuschauer gut sichtbar. Er wird von Ihnen nicht mehr berührt und bleibt ständig unter der Kontrolle des Publikums. Ein Zuschauer wählt nun eine der Karten frei aus. Wird der Zettel geöffnet, so stellt sich heraus, daß genau die vom Zuschauer gewählte Karte vorausgesagt worden ist.

Dieses Kunststück bedarf des Geschicks und der Geistesgegenwart des Zauberers, da er in Wirklichkeit die Auswahl der Karte lenkt.

Nehmen wir an, Sie haben Herz König notiert. Auf dem Tisch liegen fünf Karten, eine davon ist der Herz König. Bitten Sie einen Zuschauer, er soll auf zwei Karten tippen. Ist der Herz König eine von den beiden, so sagen Sie sofort: „Nehmen Sie die Karten in je eine Hand und konzentrieren Sie sich. Geben Sie mir eine von den beiden." Gibt man Ihnen den Herz König, so sagen Sie sofort: „Danke, dann können Sie die andere Karte beiseite legen." Weisen Sie jetzt noch einmal darauf hin, daß man Ihnen ja jede der fünf Karten hätte geben können. Der Zuschauer hatte ja von Anfang an eine „freie" Wahl. Lassen Sie den Zettel öffnen und vorlesen. Ihre Voraussage ist richtig.

Hätte Ihnen der Zuschauer nicht den Herz König gegeben, dann hätten Sie die erhaltene Karte sofort wie selbstverständlich beiseite gelegt und gesagt: „Sie haben also den Herz König für sich behalten. Sie hätten ja auch von Anfang an jede der anderen Karten wählen können." Auch dies muß bejaht werden, und Ihre Voraussage stimmt.

Aber nehmen wir an, unter den ersten beiden Karten wäre nicht der Herz König gewesen. Dann hätten Sie sofort gesagt: „Gut, legen Sie diese beiden Karten beiseite. Die brauchen wir nicht mehr. Nehmen sie jetzt von den restlichen Karten in jede Hand eine." Ist der Herz König nicht dabei, sondern auf dem Tisch, dann lassen Sie den Zuschauer sofort die beiden Karten ebenfalls zur Seite legen: „So, es ist also eine Karte auf dem Tisch übriggeblieben. Es hätte ja auch eine andere liegen bleiben können, wenn Sie von Anfang an den Herz König mit weggenommen hätten. Richtig?" Auch jetzt trifft Ihre Voraussage zu.

Was aber, wenn beim zweiten Wegnehmen der Herz König bereits in einer Hand des Zuschauers gewesen wäre? Dann hätten Sie sofort die verbliebene Karte vom Tisch genommen und zur Seite gelegt. Der Zuschauer soll Ihnen dann eine Karte geben, und Sie können weiter ausführen, wie oben beschrieben.

Bei diesem Kunststück ist Ihr schauspielerisches Talent gefragt. Da ja die Zuschauer nicht wissen, worum es geht, müssen Sie jeden Schritt des Kunststückes so interpretieren, als müßte genau das geschehen, was geschehen ist. Sie dürfen nie lange überlegen, sondern zielstrebig weiterspielen, bis die Karte übrigbleibt, die Sie als Voraussage notiert haben.

Zwei gezogene Karten finden

Stellen Sie sich den folgenden Effekt vor: Zwei Zuschauer ziehen jeweils völlig frei eine Karte. Jeder Zuschauer mischt seine Karte anschließend selbst in das Spiel zurück. Dennoch sind Sie in der Lage, beide Karten aus dem Spiel schnell herauszufinden.

Auch dieses Kunststück sieht nach großer Fingergeschicklichkeit aus, aber sie spielt nur eine kleine und sehr untergeordnete Rolle.

Bevor Sie mit dem Kunststück beginnen teilen Sie das Spiel in zwei Hälften, wovon die eine die geraden Karten – 2, 4, 6, 8, 10, Dame – die andere die ungeraden – 3, 5, 7, 9, Bube, König und As – enthält.

Nehmen Sie den „ungeraden" Teil in Ihre linke Hand, etwa so, als ob Sie Karten austeilen wollten. Achten Sie darauf, daß der kleine Finger auf der obersten Karte liegt. Den „geraden" Teil Karten legen Sie anschließend obendrauf, lediglich der kleine Finger trennt beide Hälften. Mit ein wenig Übung werden Sie feststellen, daß schon „etwas" Fingerkuppe reicht, um die beiden Hälften getrennt zu halten. Von vorn können die Zuschauer diese Teilung nicht erkennen, denn da liegen ja die Karten fest aufeinander.

Zur Vorführung.

Sie halten wie eben beschrieben das Kartenspiel in der linken Hand. Der linke Daumen schiebt von oben Karten in die rechte Hand, die sich mit den Karten leicht in einem Halbkreis von der linken Hand entfernt. So entsteht mit den Karten über dem kleinen Finger eine Art Fächer. Siehe Abbildung.

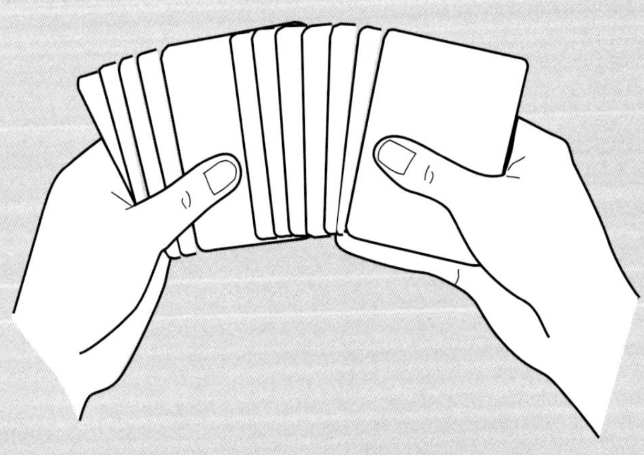

Lassen Sie einen Zuschauer aus diesem Teil eine Karte ziehen. Danach gehen Sie zu einem zweiten Zuschauer. Während Sie auf diesen zugehen, schieben Sie alle Karten über dem linken Kleinfinger in die rechte Hand und fächern die Karten des unteren

Teils aus. Aus diesem Fächer zieht der zweite Zuschauer eine Karte. Weisen Sie noch mal darauf hin, daß jeder Zuschauer eine völlig freie Wahl der Karte hatte. Während Sie dies sagen, schieben Sie wieder alle Karten zu einem Päckchen zusammen, halten jedoch die beiden Teile mit dem Kleinfinger getrennt. Sie heben sofort den oberen Teil Karten mit der rechten Hand hoch und geben sie dem zweiten Zuschauer: „Bitte mischen Sie Ihre Karte selbst in das Spiel zurück.“ Die restlichen Karten geben Sie dem ersten Zuschauer mit ähnlichen Worten.

Nun lassen Sie sich beide Spielhälften geben, die Sie zu einem kompletten Spiel zusammenlegen. Sie können das komplette Spiel sogar von einem Zuschauer noch einmal abheben lassen.

„Jetzt gilt es, Ihre Karten wiederzufinden. Dazu muß ich mir aber erst einmal Ihre Hände anschauen, mit denen Sie die Karte gezogen haben“, sprechen Sie und begutachten daraufhin die Hände. „Etwas von der »Ausstrahlung« Ihrer Finger ist an den Karten haften geblieben. Diese Ausstrahlung versuche ich nun von den Karten zurückzuempfangen.“ Gesagt, getan. Sie blättern das Spiel durch und werden schnell feststellen, daß zwischen den ungeraden Karten eine gerade und umgekehrt liegt. Dies sind die Karten der Zuschauer.

Die obersten Karten des Spieles nennen

Im Anschluß an das eben beschriebene Kunststück können Sie folgendes zeigen: Nachdem Sie das Spiel kräftig durchgemischt haben, lassen Sie es von einem Zuschauer abheben, so daß zwei Hälften auf dem Tisch liegen. „Obwohl das Spiel gründlich gemischt worden ist und obwohl Sie an einer x-beliebigen Stelle abgehoben haben, kann ich Ihnen von jedem Päckchen die oben liegende Karte nennen.“ Dies gelingt Ihnen mit absoluter Sicherheit.

Und das Geheimnis? Nun, Sie haben sich beim Durchmischen heimlich die unterste Karte angeschaut und dann so gemischt, daß sie als letzte oben auf das Spiel gelangt. Wenn der Zuschauer das Spiel abhebt, kennen Sie also schon in Wirklichkeit eine Karte von einem Päckchen. Nehmen wir an, es ist die Herz 3.

Deuten Sie auf das Päckchen, dessen obere Karte Sie nicht kennen und sagen Sie: „Sie haben hier abgehoben. Ich glaube, hier oben liegt die Herz 3.“ Ergreifen Sie die Karte, es ist natürlich nicht die Herz 3, schauen sie an und nicken zufrieden, so als hätten Sie tatsächlich recht. „Und hier oben“, sagen Sie, „liegt die ...“ (und jetzt nennen Sie die Karte, die Sie gerade angeschaut haben). Beide Karten werfen Sie dann auf den Tisch. es sind tatsächlich die beiden genannten.

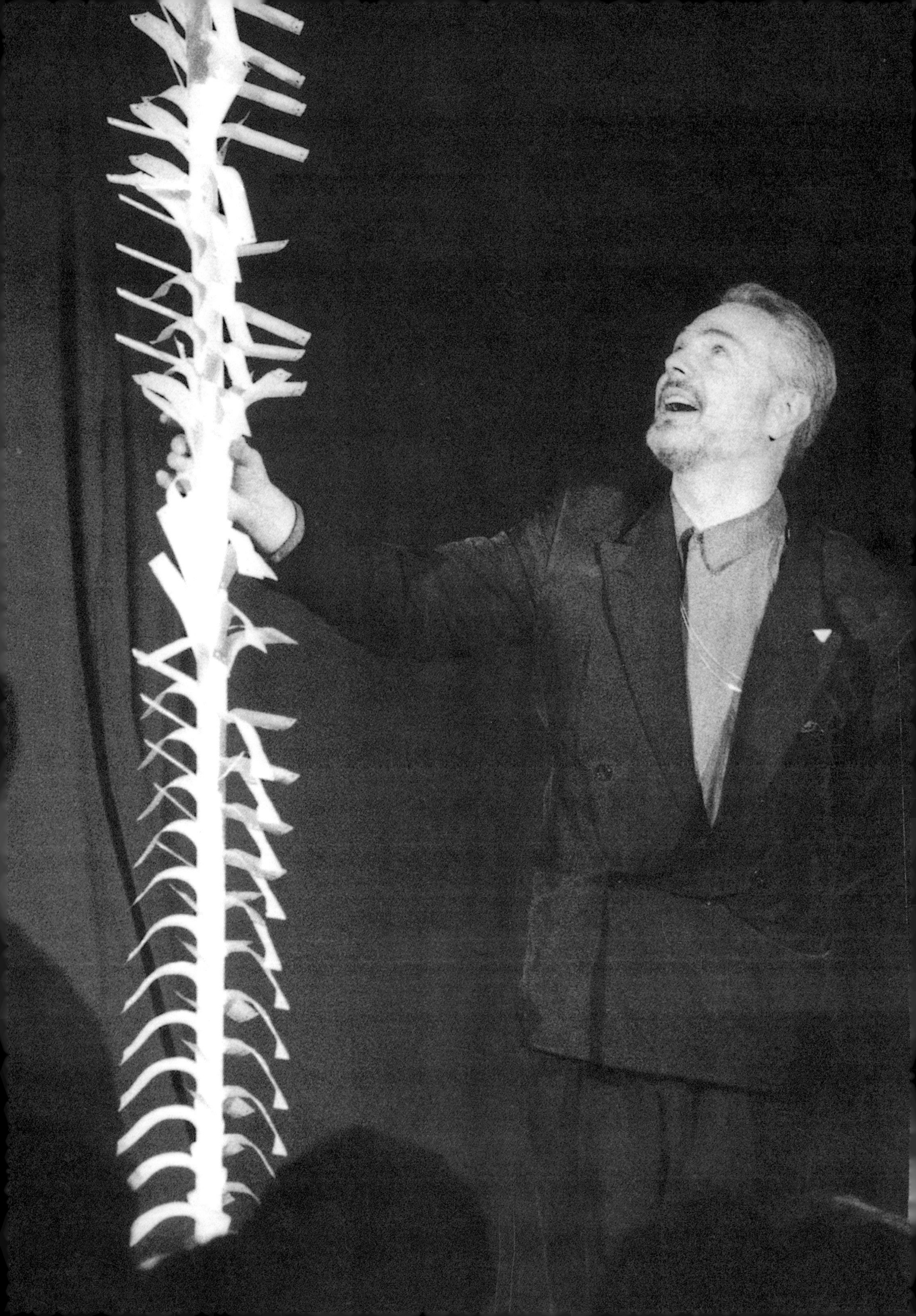

Die Story ist das Eigentliche

Ein paar Stilfragen

Kunst ist Form, Interpretation, Gestaltung – daran feilt der Zauberkünstler Wittus Witt so bewußt wie ein Regisseur oder ein Choreograph. Auf der Bühne wirken seine Botschaften wie von einer zarten Glaskugel umfangen. Nicht etwa, weil der Mann dahinter sich wie ein hellsehender Guru aufführt, der symbolträchtiges Blendwerk braucht. Gläsern ist der *Schöne Schein* gerade wegen seiner Klarheit, die elegant und natürlich wirkt, nie überzüchtet. Witts äußeres Erscheinungsbild mag diesem Eindruck zunächst widersprechen. In die behutsam aufgebaute Szene aus Lichtkegeln, Glasharfenmusik und spärlichen Requisiten tritt er tipptopp frisiert und barbiert, von Kragen bis Schuhwerk schwarz gekleidet, schlanke Silberkette um den Hals. Ein Hauch von mondänem Schick umweht ihn, von wortwörtlich schwarzer Magie sogar. Hat sein Blick nicht dieses stechende Etwas, diese bezwingende Mystik? Lachfalten zieren die Augenwinkel! Das dunkle Outfit wird nicht zur penetranten Pose, entpuppt sich vielmehr als gemäßigte Anspielung auf die steif-dunkle Kluft mancher Kollegen.

Fragt man nach dem bewußten Motiv für die Garderobe, bleibt vom Verdacht der schwarzen Magie nichts mehr übrig. „Schwarz ist nun mal auch eine Farbe, die beruhigt", erklärt der Unverkennbare. „Außerdem sind schwarze Sachen bequem, ich muß im Kleiderschrank nicht lange zwischen unterschiedlichen Farben aussuchen…" Und was die Silberkette angeht: „Die hat mir mal ein befreundeter Zauberkünstler aus England geschenkt." Im übrigen sei er es dem Publikum schuldig, sich besonders zu kleiden.

Der Mann mit den geschmeidigen Handgriffen hält nun mal auf Manieren, die man auch seiner Sprache anhört. Bisweilen höflich-galant kommt sie daher („Herzlichen Dank, daß Sie so nett mitgespielt haben"), ab und zu flockig („Darf ich zu Ihnen kommen, oder habe ich Sie jetzt geweckt?"). Doch nie sollen die Zuschauer eingeschüchtert oder gar herabgewürdigt werden. Lieber opfert sich der Künstler selbst: Im letzten Augenblick erlöst er die Mitspielerin, indem er seine eigene Hand unter die Klinge der Mini-Guillotine legt – doch zerteilt wird die unten im Loch steckende Gurke.

Von links nach rechts: Dr. Johann Nepomuk Hofzinser lud im 19. Jahrhundert die feine Wiener Gesellschaft zu seinen „Stunden der Täuschung" und erhob damit die Taschenspielerei zur Kammerkunst. Punx verstand es, in den fünfziger Jahren in mehrere Rollen zu schlüpfen, und verzauberte sein Publikum als Cagliostro, Eulenspiegel, Münchhausen und schließlich als Punx. Alexander Adrion pflegte in den sechziger und siebziger Jahren seine „Kammerspiele des Scheins". Fredo Raxon war einer der ersten Berufszauberer, die ihrem Publikum sagten, daß sie nicht zaubern können, und nannte sich „Täuschungskünstler".

Wenn dieser Zauberer von seiner Kunst plaudert, spricht er gewandt, zügig, unkompliziert. Wiederum läßt „der gute Joseph" grüßen: „Beuys redete nie geschraubt. Eben dadurch verstand er es, seine Schüler zum intensiven Nachdenken und genauen Beobachten anzuregen." Letztlich ist es denn auch der gesprochene Text, der einen Abend mit Wittus Witt trägt: „Die Story ist das Eigentliche in der Zauberkunst. Sie sorgt für das Gerüst, denn ein Trick soll ja nicht einfach den anderen ablösen. Die gegliederte Abfolge verdeutlicht, warum zuerst das eine kommt und dann das andere."

Witts Spielart der Story präsentiert mehrere Kunststücke unter einem Thema – nicht etwa die künstlichen Aufhänger *Reise um die Welt* oder *Märchen*. Den roten Faden spinnt er aus dem Stoff seines Metiers, aus historischen Kapiteln der Taschenspielerei. Geschichten von den Ahnen seiner Kunst durchwirkt er listig mit manchen Fragwürdigkeiten der Menschheit und sprachgeschichtlichen Fußnoten. Das Zauberwort Hokuspokus, so erfahren wir dadurch am Rande, geht vermutlich auf eine Verballhornung zurück, eine Verkürzung des Jesus-Worts aus dem Abendmahl: „Hoc est corpus meum – Dies ist mein Leib".

Spätestens beim angeregten Rückblick in einem Restaurant oder auf der Heimfahrt spuken uns plötzlich Bärentreiber, Zahnbrecher und fliegende Händler im Kopf herum, die mit Zaubereien ihr Publikum anlocken. Namenlose Fahrensleute, die sich auf mittelalterliche Straßen und Märkte, in Gassen und Kneipen stellen, um wie ihr Nachkomme Wittus Witt aus

Hanns Dieter Hüsch

breiten Taschen zu spielen. Von fern lächelt zauberisch der berühmte Dr. Hofzinser, im 19. Jahrhundert ein verspielter Hofrat der Wiener Gesellschaft. Punx, der Unfaßliche aus München, reiht sich ein, der Anfang der fünfziger Jahre fabulierend in Rollen schlüpfte. Oder der geistvolle Berliner Altmeister Alexander Adrion und der elegant-freche Taschendieb Fredo Raxon. Sie alle haben die Kunst des Wittus Witt mitgeprägt.

Und David Copperfield? Der Mensch, der Eisenbahnwaggons verschwinden läßt und Bühnen mit Kisten und Kästen besetzt? Beide haben sie ihren Platz unter dem weiten Mantel der Zauberei – doch welch ein Unterschied in Ansatz und Absicht!

Dem Copperfield-Fieber hat auch Witt sich nicht entziehen können. In Las Vegas sah er den Illusionisten aus nächster Nähe, war angetan von seiner Bühnenpräsenz und einer perfekten Bühnentechnik. Der Amerikaner ist für ihn dennoch nur ein entfernter Geistesverwandter. „Popfestivals sind das eine, daneben gibt es die Kammerkunst", sagt Wittus Witt und muß nicht lange erläutern, was seine Sparte ist. Als Kammerkünstler macht er sich gezielt eine Äußerlichkeit zunutze: „Ich kann überall die gleiche Show präsentieren, weil ich nicht auf besondere Gegebenheiten der Bühne angewiesen bin." Dahinter steht jedoch ein ganzes Berufsbild, ein kritischer Sinn für Maßstäblichkeit, die man dem amerikanischen Zauberer nicht unbedingt nachsagen kann. „Auf seine Art verstärkt Copperfield den dubiosen Ruf der Zunft, indem er seine Person extrem vermarktet. Der laute Rummel lenkt vom Wesentlichen in der Zauberei ab, die von einfachen Prinzipien lebt."

Erscheinen, Verschwinden, Verwandeln, dazu noch das scheinbare Schweben und das ebenso scheinbare Gedanken-Lesen – um diese wenigen Grundelemente vorzuführen, greift DC zu komplizierten Apparaten, dirigiert er Scharen von Komparsen. WW hingegen tourt ohne jede Assistenz mit ein paar originellen, einfachen Requisiten durch die Lande, zaubert daraus eine Mischung aus Kurzweil und Erkenntniszuwachs und staunt manchmal selbst, daß sie Menschen in Wien ebenso schmeckt wie in Kathmandu oder – Las Vegas.

Einmal ist seine sanfte Zugkraft mit den Wortspielen des Hanns Dieter Hüsch verglichen worden – vernarrt in alltäglichen Kleinkram, verliebt ins eigenwillige Philosophieren und grauhaarig sind diese Bartträger bekanntlich beide. Der eine karikiert, der andere verwandelt.

Kenner der Magierszene verblüfft die Offenheit, mit der Wittus Witt die Erfinder seiner Darbietungen beim Namen nennt, auch vor Fernsehpublikum und in seinen Programmheften. Doch fügen sich diese ehrlichen Hinweise in seinen Begriff von Zauberkunst ein. „Da Zaubern für mich unbestreitbar eine Kunst ist, gebe ich die Urheber an, so wie in der Musik ja auch die Komponisten genannt werden."

Die stets wiederkehrende Frage: „Erfinden Sie Ihre Tricks selber?" stürzt ihn keineswegs in Verlegenheit. „Vom Erscheinenlassen bis zum Gedankenlesen spielt jeder Zauberer mit einer begrenzten Anzahl von Prinzipien. Alles in unserem Metier ist im Grunde schon einmal dagewesen – nur die Methoden ändern sich." Beispiel: das Glas Orangensaft, das in einer absolut leeren Papiertüte erscheint.

Die Grundidee zu diesem Trick hatte ein amerikanischer Zauberkünstler: Aus einer Tüte, die er rasch leer vorzeigte, produzierte er ebenso schnell ein Glas Wasser. Witt fand die Abfolge zwar wirkungsvoll, aber in ihren Möglichkeiten noch nicht ausgeschöpft. Nach einigen Spielereien mit der Tüte entstand diese, seine Version:

In dem Papier erscheinen zuerst zwei dicke Orangen, die den Zauberer und mit ihm einen Zuschauer eine Weile beschäftigen, bis dieselbe Tüte auch noch ein Glas Orangensaft hergibt.

Joro, der plaudernde Zauberer, entdeckte in den fünfziger Jahren eine kleine Fingerguillotine, aus der er als erster eine attraktive Bühnenversion entwickelte.

„Manchmal dauert es sehr lange, bis der optimale Effekt gefunden ist. An dem Kunststück der zusammengebundenen Daumen habe ich fast ein Jahr gearbeitet. In meiner Bibliothek habe ich alles über diesen Trick studiert und daraus meine ureigene Methode entwickelt – eine Fesselung der Daumen, die zu mir paßt. Oder nehmen Sie das Kunststück mit der Guillotine. Eine großartige Illusion, die der Kollege *Joro* für uns Zauberkünstler wiederentdeckt hat, die mir aber in dieser Art zu brutal für die mitspielende Person erschien. Nach etlichen Vorstellungen kam ich auf die Idee, im letzten Augenblick meine eigene Hand in das Gerät zu legen".

Hat er Kunststücke einmal auf sich zugeschnitten, altbekannte Tricks seinem Stil anverwandelt, vertraut Wittus Witt auf den Evergreen-Effekt. „Ich verstehe mein Soloprogramm als ein gutes Theaterstück, das man mehrmals sehen kann, ohne sich zu langweilen. Eine witzige Komödie behält ja ihren Reiz und provoziert immer wieder die gleichen Lacher. Tenöre

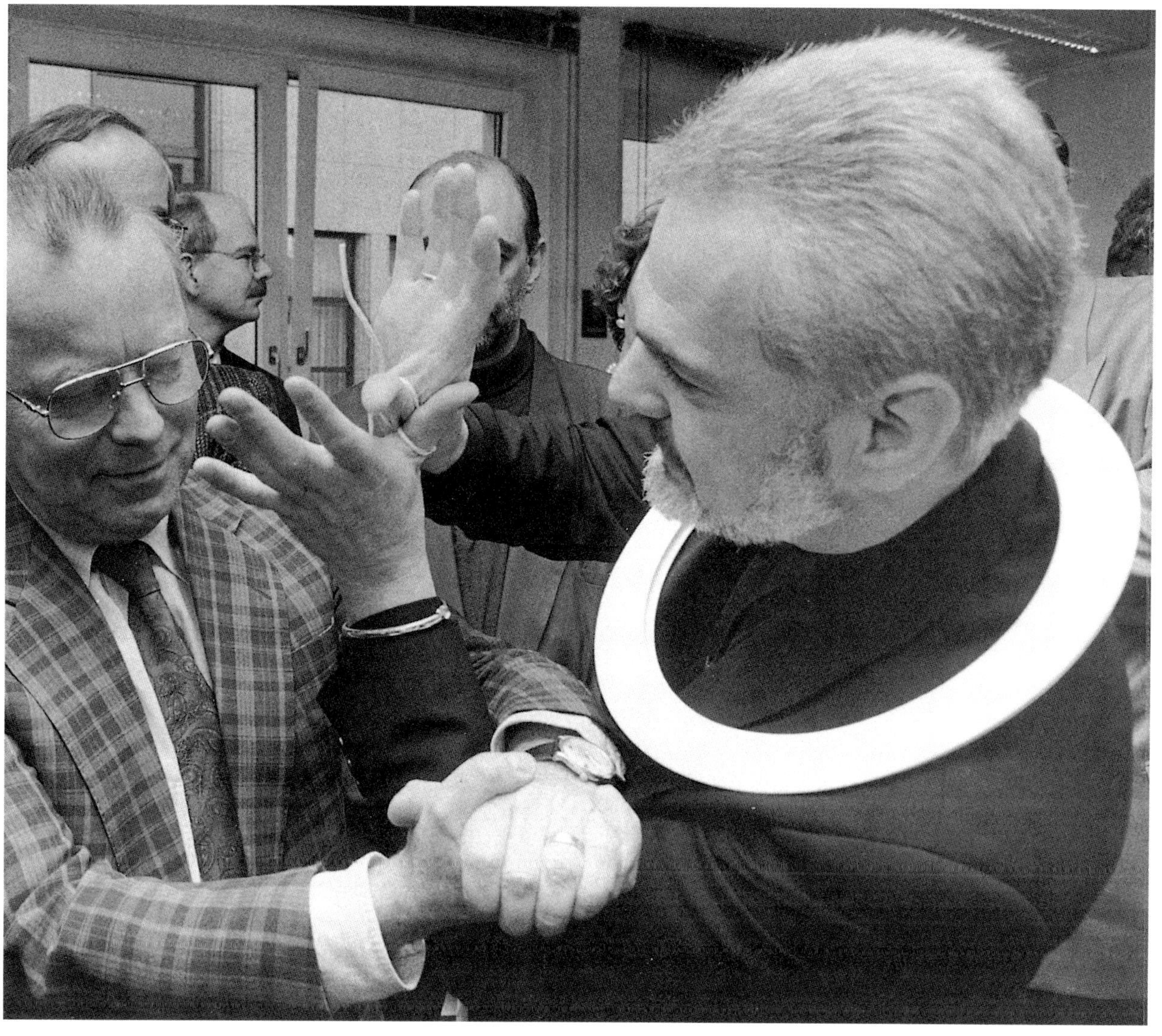

singen nichts Neues, komponieren auch nichts, aber niemand bezweifelt, daß sie Kunst hervorbringen."

Die Querverbindung zur Musik entsteht in diesem empfindsamen Trick-Interpreten nicht von ungefähr, auch wenn er gewiß nichts von der feierlichen Distanz eines Pavarotti hat. Sobald Wittus Witt den Bretterboden verläßt und mitten im Publikum weiterzaubert, erinnert er schon eher an Aznavour oder Bécaud, die beiden Chansonniers, die so gern ein wenig Bühnenfluidum in die Reihen hineintrugen.

Mehrfach verknotet und auch noch fest im Zuschauergriff – trotzdem hat sich Wittus Witt im nächsten Moment befreit.

2
2
WDR

Tricks im Äther

Der Radio- und Fernsehzauberer

„Im Radio zaubern? Da sieht man ja nichts!" Um die Zweifel von WDR-Moderatorin Dörte Voland wegzupusten, setzt Wittus Witt sich forsch neben sie ans Mikrofon. Wie immer trägt er sein schwarzes Seidenhemd, einen langen weißen Schal dazu. Aber optische Signale zählen diesmal nicht. Die Hörerschaft wird gleich ein bestimmtes Gefühl empfangen: Da redet einer so locker wie am Telefon und so fesselnd wie jemand, der etwas Sonderbar-Verspieltes in den Äther schickt. „Legen Sie sich doch mal ein paar normale Spielkarten zurecht", bittet der unsichtbare Plauderer im Mai 1992 während seines Gastspiels im Düsseldorfer *Kom(m)ödchen.* Eine Karte möge sich der erste Anrufer besonders gut einprägen. Der Zauberer im Studio plaudert weiter und – herrje, es stimmt! – nach wenigen Minuten kann er die gedachte Karte nennen. Ein schmuckes Kabinettstück hat er gekonnt in seine Sandpapierstimme gepackt. Auch Dörte Voland ist baff und lädt Wittus Witt bald regelmäßig ein. Seit 1992 zaubert er einmal im Monat beim Kölner WDR, abgesehen von allerlei Einlagen zwischendurch. Soviel Hörfunk-Präsenz hat in Deutschland kein zweiter Zauberkünstler.

Skepsis weggepustet: Seit 1992 lädt Dörte Voland vom WDR Wittus Witt regelmäßig ein, mit Zuhörerinnen und -hörern im Radio zu zaubern.

Oben: „Legen Sie sich zu Hause mal ein paar Spielkarten zurecht". 1984 mit dem Hörfunkmoderator Hasso Wolf.

Mitte: Hong Kongs prominente Rundfunkstimme Anna Chilvers lud The German Magician zu einer halbstündigen Personality-Sendung ein.

Unten: Mit Christine Lemmen und Peter Klunkert vom WDR-Morgenmagazin wurde früh morgens den Zuhörern ihr Geld aus der Tasche gezaubert.

Wieviel Kleingeld haben Sie?

Rufen Sie doch mal jemanden an und bitten Sie ihn, ein wenig mitzuspielen. Sie sind nämlich in der Lage, dem Mitspieler zu sagen, wieviel Kleingeld er bei sich hat. Dazu soll er sich irgendeine Glückszahl ausdenken. Es kann wirklich eine x-beliebige Zahl sein. Um das Glück nun etwas zu verdoppeln, soll er diese Zahl mit 2 multiplizieren. Zu dem Ergebnis die Zahl 8 zählen. Da nun das Ergebnis etwas zu groß geworden ist, soll er es durch 2 teilen. Von der so errechneten Zahl muß der Mitspieler seine anfangs gedachte Zahl abziehen und schließlich dazu sein Kleingeld addieren. Das Endergebnis nennt er jetzt, und Sie sagen sofort, wieviel Kleingeld ihr Mitspieler bei dieser Zauberei eingesetzt hat.

Bedenken Sie bitte folgendes: Sie haben zu keinem Zeitpunkt eine Ahnung, welche Glückszahl der Mitspieler gewählt hat. Es kann wirklich jede Zahl sein, egal, ob ein-, zwei-, oder fünfstellig.

Dennoch, diese Rechnung ist raffiniert und durch das Kleingeld obendrein so gut getarnt, daß nach der Vorführung Ihr Mitspieler sehr verwundert sein wird.

Also, wie geht's?

Führen Sie die oben beschriebene Rechnung bis zum Addieren des Kleingeldes einmal selbst aus. Sie werden als Ergebnis die 4 herausbekommen. Stimmt's? Es kommt immer 4 heraus. Somit brauchen Sie vom Endergebnis lediglich 4 abzuziehen und schon haben Sie die Summe des Kleingeldes.

Ein Beispiel: Die Glückszahl lautet 456. Das Doppel ergibt 912, plus 8 macht 920. Die Hälfte davon ergibt 460. Wenn Sie jetzt die anfangs notierte 456 abziehen, bekommen Sie die VIER.

Würfelaugen erzaubern

Mit zwei Würfeln lassen Sie den Partner würfeln. Die beiden gewürfelten Augenzahlen erraten Sie nun. Dazu stellen Sie dem Mitspieler folgende Rechenaufgabe: Eine der beiden Augenzahlen mit 2 multiplizieren, 5 dazuzählen, dann noch einmal mit 5 multiplizieren und die Augenzahl des anderen Würfels hinzurechnen. Diese Zahl lassen Sie sich nennen. Es kommt z.B. 87 heraus. Wenn Sie von dieser Zahl im Kopf 25 abziehen, erhalten Sie 62. Die ursprünglich gewürfelten Augenzahlen sind somit 6 und 2.

Beispiel: Es wurden 6 und 2 gewürfelt. Der Spieler entscheidet sich für die 6 und multipliziert sie mit 2 (=12), addiert 5 (12+5 =17) und erhält 17. 17 mal 5 ergibt 85. Hierzu wird die Augenzahl des anderen Würfels gezählt: 85 + 2 = 87. Diese Zahl wird laut genannt, und der Zauberkünstler zieht im Kopf die Zauberzahl 25 davon ab. Es kommt 62 heraus. Die beiden Ziffern 6 und 2 sind tatsächlich die zu Beginn gewürfelten Augen.

Einen seiner Radio-Auftritte verfolgt 1993 der Film- und Fernsehproduzent Rüdiger Daniel. Er ruft Witt nach der Sendung an: „Können Sie sich vorstellen, solche Kunststückchen im Fernsehen zu bringen?" Wittus Witt kann. Noch einmal muß er zuerst die Skepsis eines Redakteurs zerstreuen: Bernd Klütsch vom WDR-Boulevardmagazin *KuK* fragt ihn besorgt, wie das Publikum denn zu Hause fernmündlich mitzaubern soll...

Doch Witts Methode schlägt wieder ein. Live fordert er die Zuschauer seither alle vierzehn Tage zum Mitmachen auf – mit Papier und Bleistift, Kaffeetasse und Matchbox-Auto; indem sie Papierkügelchen gegen die Mattscheibe werfen oder ganz nah an den Bildschirm herangehen. In den ersten *KuK*-Minuten bereitet der flimmernde Zauberer sein Publikum auf die Aufgabe vor – zum Schluß wird telefoniert, gespielt und gestaunt. „Spannend finde ich an der Tele-Zauberei, daß ich mit Menschen kommuniziere, die ich weder kenne noch sehe. Und daß ich mir fürs Fernsehen immer wieder neue Tricks ausdenke." Einem Bundestagswähler hat der Fern-Zauberer am Ende auf den Kopf gesagt, welcher Partei er sein Kreuzchen gibt.

Auf einer Wellenlänge: Das täglich im WDR-Fernsehen um 18.05 Uhr ausgestrahlte Boulevardmagazin „KuK" wird von Stefanie Tücking und ihren Kollegen Thomas Heyer und Helmut Rehmsen im Wechsel moderiert. Alle 14 Tage ist Wittus Witt mit einem speziellen Zauberkunststück dabei.

„Werfen Sie eine nasse Papierkugel gegen Ihren Bildschirm, und ich sage Ihnen, auf welchem Symbol die Kugel landen wird."

Rechts: Mit einer Spielkarte sollte der Mitspieler durch den Fernseher hindurch das Stück Knetgummi zerschneiden..

Oben: Der Zuschauer hatte eine freie Wahl, seinen Lieblingsmoderator zu bestimmen. Noch ehe er den Namen nannte, wußte Wittus die Antwort.

Links: „Auf den acht Karten sind verschiedene Verkehrszeichen gedruckt. Finden Sie dasjenige, das nicht dazugehört."

Damit hat Wittus Witt als erster seines Fachs eine Nische deutscher TV-Unterhaltung besetzt. Konzepte für ganze Serien ruhen vorerst noch in der Schublade, denn 30, 20 oder auch nur 15 Minuten am Stück allein der Zauberkunst zu widmen, ist den hiesigen Fernsehmachern nicht geheuer. „Über die Qualität Ihrer Darbietungen gibt es natürlich keinen Zweifel", kommentieren zögerliche Unterhaltungschefs die Entwürfe, die Witt ihnen beharrlich unterbreitet. „Trotzdem glauben wir nicht, daß Zauberer im Fernsehen auf eine breite Akzeptanz stoßen."

Der zaubernde Stammgast bei *KuK* hat einen ganz anderen Eindruck von den Vorlieben der Zuschauer: Die Einschaltquoten zeigen, daß während Witts Zaubereien kaum jemand ausoder umschaltet. Seine Mischung aus Charme und Trickreichtum wirkt durch Kamera und Bildröhre hindurch. „Regie und Kameraführung können Zaubereffekte so einfühlsam auf den Bildschirm bringen, daß man sich nicht elektronisch verschaukelt vorkommt", sagt der Tele-Gaukler, der aus über 100 TV-Auftritten in Europa, Asien und den USA weiß, worauf es im Studio ankommt.

Ein Autogramm gefällig? Diese Karte ließ der WDR für seinen Hauszauberer drucken.

England und Amerika, Spanien, Holland und Frankreich räumen seiner Zunft seit vielen Jahren Sendereihen ein, zum Teil Woche für Woche und mit Zuschauerquoten, die manche Sportübertragung hinter sich lassen. „Wichtig ist die Stimmung, die ich vor der Kamera erzeuge und in die Wohnzimmer trage." Neugier und Konzentration gehören zu diesem Stimmungsbild, aber auch eine naive Freude, die ihr Urheber im Fernsehen teilt. Meist strahlt Wittus Witt mit, wenn seine Tricks klappen – immer wieder bei den Kostproben im WDR, ab und zu in Schwerpunktsendungen zum Thema Täuschungskunst.

1975 zauberte Wittus zum ersten Mal im Fernsehen bei Jean Pütz. Insgesamt war Wittus dreimal in seinen Hobbythek-Sendungen zu Gast.

Links: Viermal lief ab 1976 die ARD-Serie „Misch Masch“ mit Wittus Witt.
Rechts: 1979 wird der Redakteur Dr. Katz der ARD-Sendung „Bilderrätsel“ verzaubert.

1984 führt Witt zum ersten Mal als zaubernder Moderator durch eine Sendung über die Geschichte der Zauberei: „Die Kunst der Täuschung". Er lädt dazu den bekannten holländischen Zauberkünstler Flip Hallema ein.

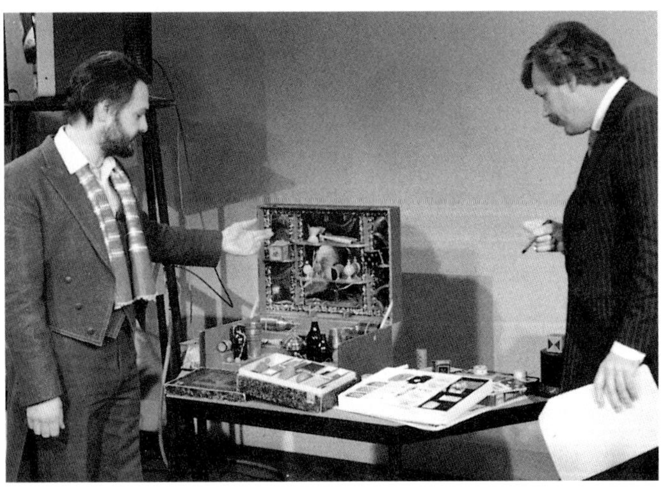

1983 mit Carlo von Tiedemann in der NDR-Sendung „Die aktuelle Schaubude".

Für die Sendereihe „Galerie" dreht der WDR 1982 einen Film über die Zauberkasten-Sammlung.

1990 führt WW mit raffinierten Kunststücken durch die Sendung „Zauberhaft", in der er außergewöhnliche Artisten aus aller Welt vorstellt.

1986 wird der Film „Welt ohne Schwerkraft" in allen dritten Fernsehprogrammen ausgestrahlt.

Ein Jahr nach „Zauberhaft" führt Wittus zum dritten Mal zaubernd durch eine TV-Sendung: „Varieté international". Mit von der Partie ist unter anderem links neben ihm die Diseuse Beate Rademacher.

Zu Gast in Hong Kongs populärer Late-Night-Talk-Show „The Matt Hackett Show".

Englands berühmter Zauberer Paul Daniels lud Wittus in seine Magic Show ein.

Zusammen mit Hen

Mit Paul Kuhn und Dagmar Berghoff in der Harald-Juhnke-Show.

Talkgast bei Karl Dall.

ı der NDR-Talk-Show.

1993 wurde Wittus Witt erstmals für die ARD-Sendung GlücksSpirale verpflichtet.

ı einem Themenabend über die Zauberkunst im Fernsehsender arte lud Wittus Paul Daniels und den ›anischen Meister-Zauberer Juan Tamariz ein. Im Zauberreich von Volker Huber (ganz rechts) skutierten die vier über den „Effekt Magie“.

Tele-Zauber mit Postleitzahlen

In der ersten Ausgabe der Tele-Zauberei im WDR-Fernsehen bat ich den Anrufer, das neue Postleitzahlenbuch zurechtzulegen, ferner einen Bogen Papier und Schreiber.

Der Anrufer notierte auf dem Blatt irgendeine Zahl zwischen 50 und 100. Darunter schrieb er eine Zufallszahl, die die Moderatorin Stefanie Tücking nannte: 56. Beide Zahlen wurden anschließend addiert. Das Ergebnis konnte ich auf gar keinen Fall kennen. Es betrug jedoch sicherlich über 100. Die Eins vorne wurde nun ausgestrichen, so daß eine zweistellige Zahl entstand. Auch die konnte ich auf gar keinen Fall kennen. Von der zu Anfang gedachten Zahl zog der Anrufer diese zweistellige, gerade errechnete Zahl ab. Das Endergebnis galt dem Mitspieler als Seitenzahl, die er in dem Postleitzahlenbuch aufschlug. Auf dieser Seite sollte er sich die erste und letzte Stadt anschauen.

Während all dies geschah, also meine Anweisungen befolgt wurden, konnten die Fernsehzuschauer sehen, daß vor mir zwei Reihen mit je fünf großen Tafeln lagen. Der Anrufer nannte jetzt nacheinander die Ziffern der beiden Postleitzahlen, die zu den Orten gehörten. Bei jeder genannten Zahl drehte ich eine Tafel um: Auf ihr war tatsächlich die jeweils vom Mitspieler hergesagte Zahl.
„Das ist ja Wahnsinn....“ kommentierte der Anrufer anschließend diesen Effekt.

Der Effekt ist auch in der Tat sehr stark. Das einzige, was Sie vorher absprechen müssen, ist die Zahl, die Stefanie genannt hat, 56. Es kann aber auch jede andere Zahl sein. Sie können auch selbst die Zahl von Anfang an nennen. Sagen Sie einfach, sie hätten eine Glückszahl, die 49. Sie bringt Ihnen stets Glück.
Und wie können Sie dennoch die Seitenzahl wissen, die der Mitspieler errechnet? Das Ergebnis bestimmt immer diese Glückszahl, die von 100 abgezogen wird. Also bei 56 wird als Ergebnis 44 herauskommen, bei 49 ist das Ergebnis 51.

Hier die Rechnung:

Der Mitspieler schreibt	87
darunter Ihre Zahl	56
die Summe ergibt	143

Die Eins vorne wird ausgestrichen, also bleibt 43, die von der anfangs geschriebenen Zahl des Zuschauers abgezogen wird:

	87
	- 43
Ergebnis	44

Drei Häufchen

So lautete das Kunststück für die 27. Ausgabe der Tele-Zauberei. Sie können es selbst gleich mitmachen. Sie benötigen lediglich rund 30 Streichhölzer. (Sie können das Kunststück aber auch mit Geldstücken oder Spielkarten durchführen.)

Bilden Sie mit den Hölzern drei absolut gleich große Häufchen, d. h. in jedem Häufchen befindet sich die gleiche Anzahl Hölzer. Ordnen Sie die Häufchen so auf dem Tisch an, daß eins links, eins in der Mitte und das dritte rechts liegt.

Legen Sie jeweils drei Hölzer von dem linken und rechten Häufchen auf das mittlere. Zählen Sie die restlichen Hölzer im linken Stapel. Aus dem Mittelhäufchen nehmen Sie anschließend so viele Hölzer weg, wie in dem linken Häufchen noch vorhanden waren, und legen sie auf das ganz rechte Häufchen.

Schieben Sie nun das ganz links und das ganz rechts liegende Häufchen zur Seite.

Zählen Sie die Anzahl der Hölzer, die noch in der Mitte liegen.

Bedenken Sie noch einmal, ich hatte absolut keine Ahnung, wie groß die Häufchen am Anfang waren. Diese Zahl kennen nur Sie.

Dennoch, zum Schluß liegen genau 9 Hölzer in dem mittleren. Stimmt's? Wenn Sie alles, genau so wie oben beschrieben, mit jemandem durchspielen, wird das Ergebnis immer neun betragen.

Heiße Geschicklichkeit

Fragen Sie, ob jemand ein Streichholz entzünden und es dann etwa 15 Sekunden mit dem Kopf nach unten senkrecht halten kann. Wohl kaum einer wird die Hitze der aufsteigenden Flamme aushalten. Es sei denn, er kennt den „Dreh", um diese Geschicklichkeits-Aufgabe zu lösen. Der Trick besteht darin, daß das Holz zwar senkrecht gehalten wird, aber mit der Hand werden gleichzeitig gleichmäßige Kreisbewegungen ausgeführt. Dadurch kommt die Flamme nicht an die Finger, die sonst sicherlich verbrennen würden.

Wie man Schauspieler verwandelt

Der tricktechnische Berater

Rollenspiele, Spiele mit Rollen sind Lieblingstricks dieses Zauberers. Er hängt sich die bunte Tasche um, aus der heraus einst mittelalterliche Gestalten gaukelten, schlüpft in den Gehrock seines Ahnherrn Jean Eugène Robert-Houdin. Und im nächsten Augenblick stellt er sich flugs neben seine Vorbilder, desillusioniert seine Zeitgenossen mit dem schmunzelnden Hinweis, kein Mensch könne Eier aus einwandfrei leeren Beuteln greifen oder Schnüre zerschneiden, verknoten und prompt reparieren. Alles Täuschung, die schöne Kunst des *Als-ob*... Wer wäre empfänglicher dafür als die Schauspieler selbst? Auch ihnen, den großen Spezialisten der Verstellung, kann Wittus Witt noch etwas vormachen. Theater-Regisseure und Filmproduzenten konsultieren ihn, wenn sie *special effects* der zauberhaften Art in eine Inszenierung einbauen möchten.

Seite 68: Mit dem Ensemble des Wuppertaler Tanztheaters in dem Stück „1980“ von Pina Bausch

Angela Müthel lernte für Tschechows „Kirschgarten“ einige Zauberkunststücke.

Seit seiner Studentenzeit – am Düsseldorfer Schauspielhaus übernahm er hin und wieder kleine Nebenrollen – macht es ihm Spaß, Mimen mit ihren eigenen Waffen zu schlagen. Schauspieldirektor Kai Braak fragte ihn damals, ob er Lola Müthels Tochter Angela für ein Bühnenwerk Zaubereien bei-

Das Pop-Trio Arabesque mit Solo-Sängerin Sandra (re.) wollte für eine große Japan-Tournee 1982 unbedingt Zauberkunststücke ins Programm aufnehmen.

Ralf Wolter kannte sich schon etwas aus in der Welt der Zauberei. Den letzten Schliff verlieh ihm Witt.

bringen könne. Als Gouvernante in Tschechows *Kirschgarten* mußte Angela Müthel eine Kugel schweben und einen Spazierstock tanzen lassen. Beim echten Zauberer Wittus Witt wurde sie zum Zauberlehrling, und wie unter richtigen Verblüffungskünstlern üblich, gab sie ihrem Lehrer das Ehrenwort, die Tricks nicht auszuplaudern. Für Woody Allens Komödie *Vorsicht Trinkwasser* erarbeitete Witt mit Ralf Wolter, wie man Taschentücher in Luft auflöst und eine ganz bestimmte Spielkarte gewitzt an den Mann bringt. Daß Kai Fischer in dem Fernsehfilm *Lichtträume und Schattenbilder* so lässig wie Fred Astaire einen Gehstock um ihren Körper wirbeln ließ, war ebenfalls dem tricktechnischen Berater zu verdanken.

Gelernte Darsteller in einen Zauberer zu verwandeln, findet dieser Fachmann stets knifflig. „Viele Schauspieler denken erst einmal, sie würden den Trick ganz schnell beherrschen und vergessen dann völlig, was sie mal über Präsentation gelernt haben.“ Beide Sparten, Schauspiel- und Zauberkunst, hat Wittus Witt 1983 selbst auf der Bühne vereint. In Pina Bauschs Szenencollage *1980* war er in einigen europäischen Aufführungen der Zauberer, der während der *teatime* eine gelangweilte englische Gesellschaft unterhält. Zu diesem amüsanten Zweck spuckt er Feuer und fingert Zigaretten aus der Luft –

eine davon steckt er brennend ins Jackett der Gastgeberin. Das Kleidungsstück bleibt unversehrt, doch als er auch noch etliche Tischtennisbälle aus dem Mund spuckt, löst sich die Party auf. Der Abgang des Zauberers: Schnell läßt er noch eine Papierpalme wachsen, und weil er sich so schön langsam verbiegt, kommt auch noch der Uri-Geller-Löffel zu Ehren.

Der Lehrmeister Wittus Witt gesellt sich nicht nur deshalb zu Bühnentruppen, um ihnen etwas beizubringen. „Ich habe bei Proben immer schon gern beobachtet, wie der Regisseur das Zusammenspiel lenkt, wie an Betonungen gearbeitet wird, die Gänge festgelegt werden. Und ich mag die Atmosphäre – den Schnürboden, die Seiten- und Hinterbühnen. Vielleicht kommt daher meine Vorliebe für eigene Auftritte im Theater…“

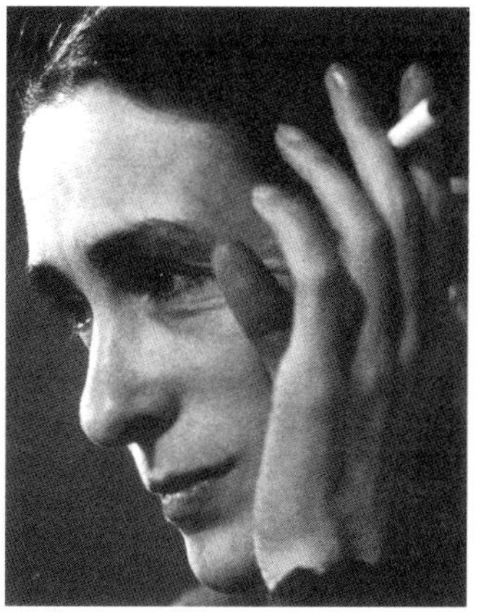

Pina Bausch

Neben dem Schauspieler Hannes Rudolph stellte Wittus Witt 1975 in einem Jugendstück einen Prinzen dar, der Wasser in Wein verzaubern konnte.

MAG

Zauber in Vitrinen

Der Sammler und Historiker

Manche dieser rechteckigen Schönheiten sehen aus wie Altäre, manche wie kunstvoll gedrechselte Spiegelkabinette, nur weitaus kleiner. Auf dem Deckel steht *Miraculoso, Abrakadabra* oder *Physique Amusante* – unterhaltsame physikalische Spielereien, so treffend nannte man einst in Frankreich den Inhalt von Zauberkästen. Kugelbüchsen und magische Würfel, seidene Tücher und dünne schwarze Stäbe natürlich. Oder einfach nur Eier, nichts als Plastik-Eier, bereit für den verwandelnden Zugriff.

Ordnung muß sein: Jedes Exponat in der Sammlung wird vermessen, mit einer Archivnummer versehen und katalogisiert.

Mehr als 600 dieser handlichen Schatztruhen hortet und zeigt Wittus Witt ständig im ersten Stock seines Krefelder Hauses. Die märchenhafte Sammlung hat ihn ins Guinness-Buch der Rekorde gebracht. Besonders reizvolle, kuriose, typische Beispiele werden immer wieder in öffentlichen Galerien ausgestellt, angereichert durch Witts historische Plakate, Grafiken, Kataloge. Wenn der Sammler höchstselbst vorführt, was man mit den bunten Geräten alles anstellen kann, gilt vollends, daß er auch die Museen für seine Kunst zu zaubern gewonnen hat.

Ein deutscher Kasten aus dem Jahr 1890, den Wittus als Schüler bei einem Antiquar in Münster aufstöberte, entfachte seine Sammelleidenschaft Anfang der sechziger Jahre – rund zwölf Jahre, bevor die Diplomarbeit des Grafik-Designers um die Präsentation von Zauberkästen kreiste. Auch auf Auktionen und in Spielzeugläden sucht Witt nach Zeugnissen eines überraschend farbigen Stücks Kulturgeschichte, das etwa die Siegeszüge von Werkstoffen spiegelt (Holz – Metall – Karton – Kunststoff). Bisweilen erinnern die Kleinode auch an den politischen Lauf der Welt: Zur ärmlichen Zeit der Währungsreform spezialisierte sich hierzulande eine Firma auf einen Kasten, der lauter Tricks mit Dichtungsringen enthielt.

Etwa 1840 entstand der älteste Zauberkasten in der Sammlung Witt, ein Exemplar aus Nürnberg, nur zehn Jahre jünger als der früheste überhaupt bekannte Zauberkasten, der im

Düsseldorfer Goethe-Museum steht und den Enkeln des Dichterfürsten gehörte. Das winzigste Exemplar ist so groß wie eine Streichholzschachtel, wird damit von keinem Zauberset der Welt unterboten und birgt trotzdem 21 Tricks. Der Entwerfer: Wittus Witt persönlich.

Die Kasten-Kollektion, deren Glanzstücke er in einer bibliophilen Kostbarkeit beschrieben hat, ist nur die eine, spektakuläre Seite seines Forscherdrangs. Daheim sind mehrere Wände zimmerhoch mit über 2000 Büchern bedeckt. Sie dokumentieren, wer der erste Feuerspucker war (vermutlich 134 vor Christus der Syrer Eunus), wann die erste Jungfrau zersägt wurde (von P. T. Selbit 1921) oder wer eigentlich das Zauberwort Simsalabim ersann (der dänische, in Amerika weltberühmt gewordene Illusionist August Harry Jansen alias Dante. Jansen entnahm es um 1927 einem dänischen Kinderlied mit der Zeile: Sim Sala Bim, Sala Du, Sala Dim).

Um solche Auskünfte wird Wittus Witt oft gebeten – geduldig recherchiert und antwortet er Journalisten oder Zauberkollegen. Denn mit dem Historiker verhält es sich wie mit dem Bühnenmenschen Wittus Witt: Sein Wissen über die Zauberkunst soll kein Geheimwissen sein. Weshalb er auch das erste deutsche Treffen von Gleichgesinnten organisierte, die zauberhafte Requisiten sammeln und sich für die Historie der Taschenspielerkunst interessieren. Im Dürener *Magic Center Studio* des Zaubergerätehändlers Werner Geissler-Werry traf sich unter Witts Regie 1980 zum ersten Mal diese Sammler-Spezies.

Der Forscher in seiner Bibliothek mit einem seltenen Programmheft des großen amerikanischen Illusionisten „Dante", der Erfinder des Zauberspruches Sim-Sala-Bim.

Anläßlich des achten Sammlertreffs, das wiederum Witt organisierte, trafen sich unter anderem (von li. nach re.): Udo Wächter, Dietrich Keller, Alfred Schmidt, Michael Sondermeyer und Peter Schröder.

Der Amerikaner George Daily, Besitzer der umfangreichsten Zauberzeitschriftensammlung der Welt, suchte im Zauberatelier nach frühen deutschen Ausgaben.

Das Ehepaar Anne und John Davenport war Gast im Zauberatelier, als es nach Zauberkästen ihres berühmten Vorfahren recherchierte.

Dr. Edwin Dawes organisiert seit Jahren den Collectors' Day in London und lud den Zauberkasten-Experten mehrmals ein.

Rodney Heft, der kanadische Zauberhistoriker, machte bei seinen häufigen Europareisen stets Station im Zauberatelier

Dr. Heinz Noeske (li.) und Franz Braun. Letzterer besitzt die umfangreichste Spielkartensammlung. Darüber hinaus unterstützt Herr Braun Wittus Witt gelegentlich bei seinen Tele-Zaubereien.

Dr. Jacques Voigniers organisiert in Frankreich monatliche Sammlertreffen.

Kniend betrachtet der Amerikaner Byron Walker die WW-Sammlung. Er selbst kann die umfangreichste Zauberliteratur sein Eigen nennen.

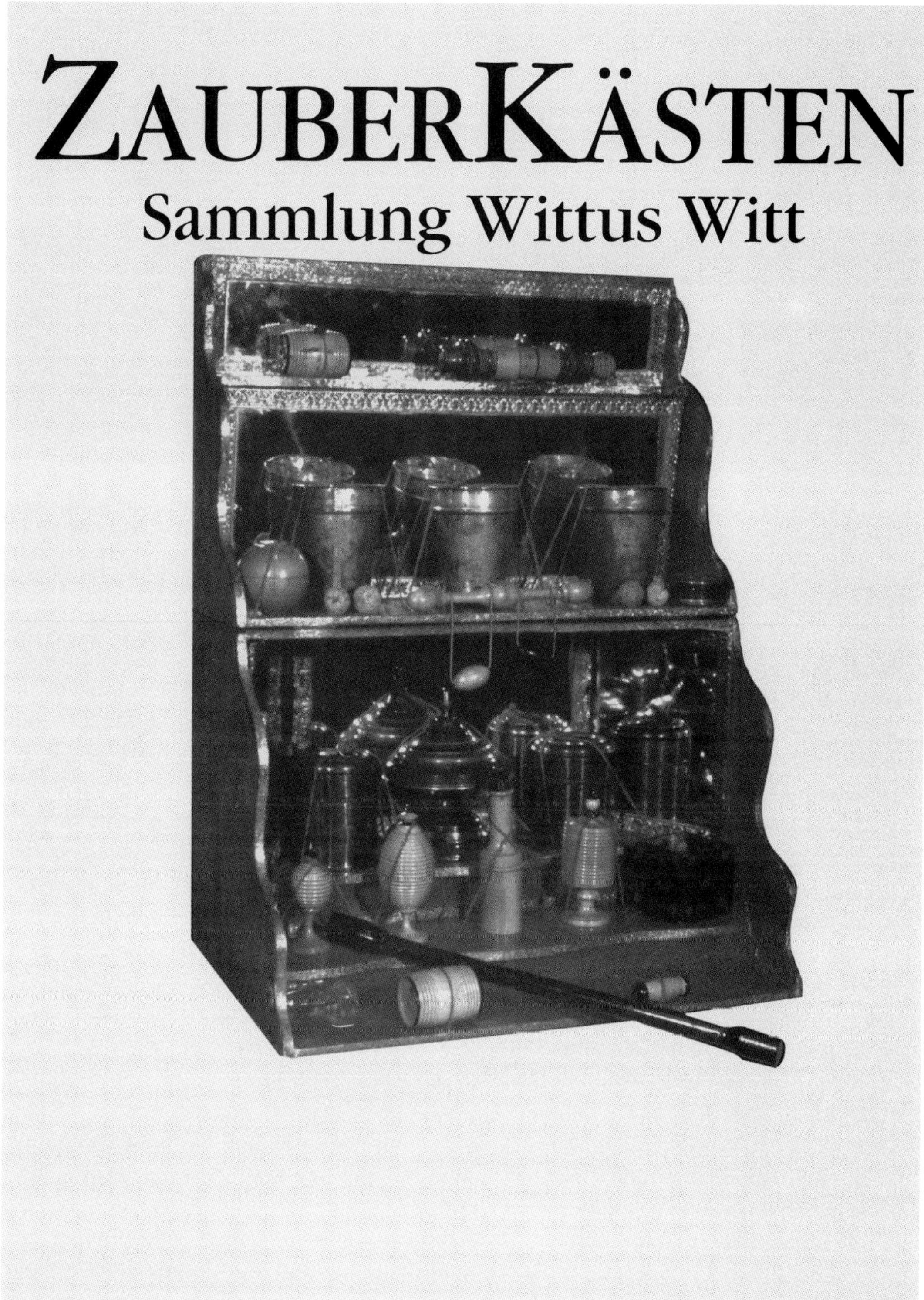

Ein französischer Zauberkasten aus dem 19. Jahrhundert schmückt das Plakat zu Zauberkasten-Ausstellungen.

Seit 1967 sammelt Wittus Witt gezielt Zauberkästen. Seine Sammlung umfaßt mittlerweile über 600 Exemplare aus aller Welt. Sie wird seit 1989 jährlich im Guinness-Buch der Rekorde aufgeführt.

Links: In Frankreich nennt man die frühen Zauberkästen „Physique Amusante“. Dieser Kasten stammt aus den Jahren um 1880.

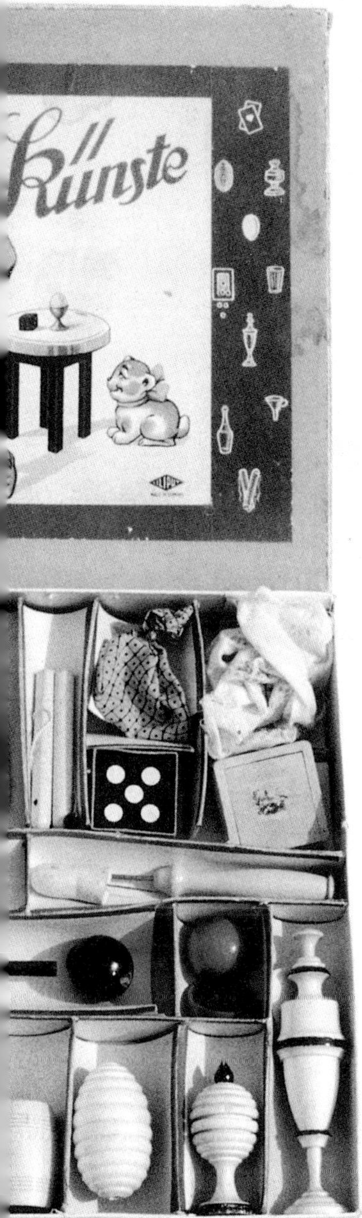

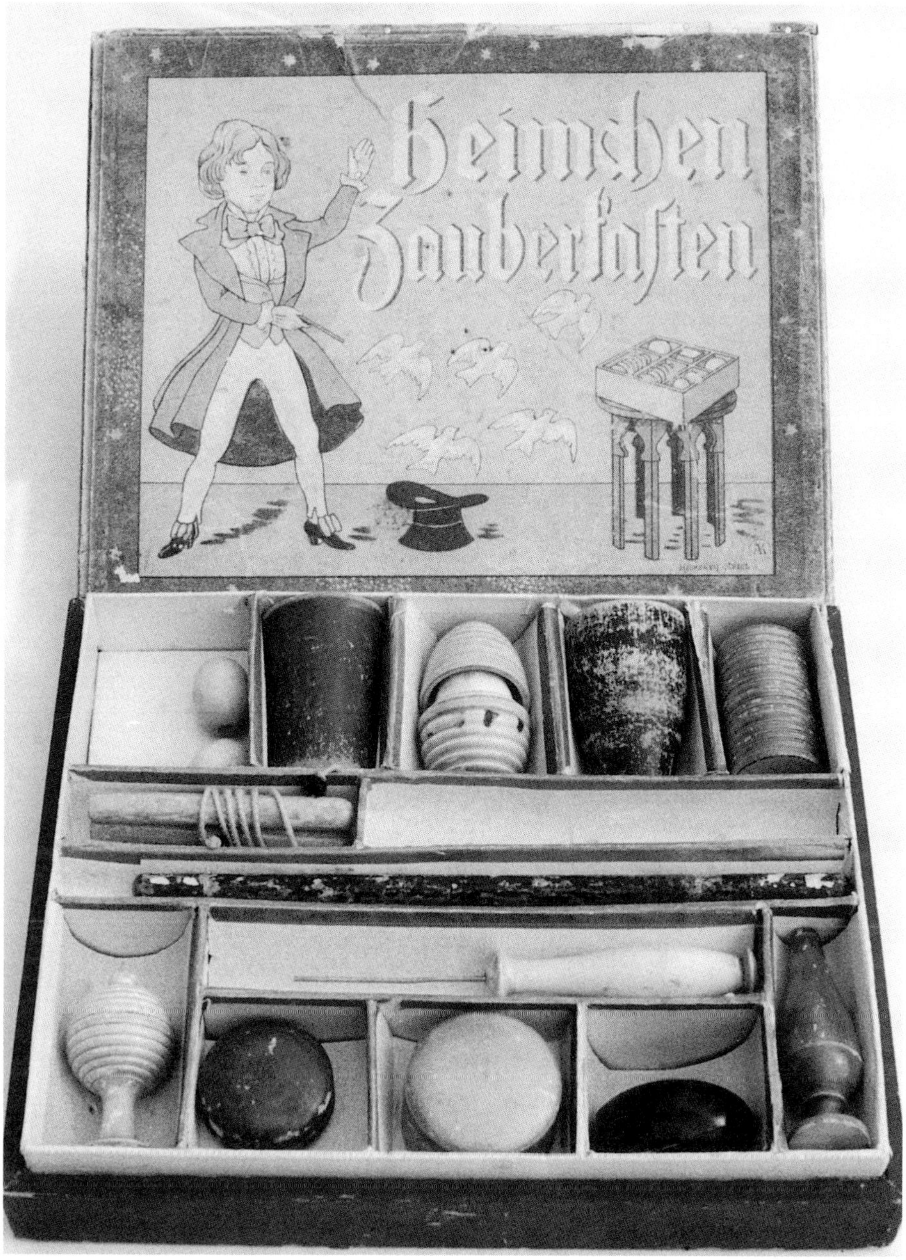

Mitte: Abel Klinger produzierte in den 20er Jahren diesen hübschen Kasten.

Rechts: Um die Jahrhundertwende wurde der Heimchen-Zauberkasten hergestellt, der ebenfalls aus der Klinger-Werkstatt stammt.

Zauberplakate sind ein herrliches Objekt, um die Werbekunst der alten Kollegen zu studieren. Außerdem sind sie Zeugen einer längst vergangenen Druckkunst.
Bis auf das Scheldon-Plakat sind alle abgebildeten Plakate im Steindruckverfahren erstellt worden. Bei dem Scheldonexponat handelt es sich um ein Unikat. Es diente wahrscheinlich als Druckvorlage, aber bis heute ist nirgends ein weiteres Exemplar aufgetaucht.

Direktor KASSNER
der unvergleichliche Zauberkünstler Kommt!
ADOLPH FRIEDLÄNDER DRUCKEREI HAMBURG 4

KAR-MI
PERFORMING THE MOST STARTLING MYSTERY OF ALL INDIA
SELMA

Internationaler TV-Star

Wittus Witt

ZauberShow

55
tolle Tricks

Nicht von Pappe

Der Designer und Illustrator

Mit ein paar Schalen aus Ton fing es an: Der zaubernde Knirps bastelte diese ausgeklügelten Behältnisse für Reiskörner, die sich wundersam vermehrten und in Luft auflösten. Am Ende der familiären Aufführung waren die Schalen mit Wasser gefüllt. Sein geschultes Gefühl für Form und Material und viel Verdruß über das handelsübliche Angebot haben Wittus Witt dazu bewegt, Zauberers Rüstzeug selber zu machen. Er entwirft und konstruiert, zeichnet und reproduziert: Tricks, Zauberkästen und -mappen, Illustrationen für Fachblätter und Bücher, Programmhefte und Prospekte für sich selbst – bis hin zur Werbung im Stil einer Flug-Bordkarte oder zur Eintrittskarte, die auf der Rückseite gleich ein optisches Verwirrspiel bietet: „Wie viele Säulen scheinen Sie zu sehen? Sind sie eckig oder rund?“ Der Blick des Betrachters hüpft amüsiert-verzweifelt zwischen drei (oder doch nur zwei?) antiken Säulen eines daumenhohen Abbilds. Ein schöner Schein...

Der kleinste Zauberkasten der Welt: 21 Tricks in der Streichholzschachtel brachte der Zauber-Designer 1991 auf den Markt.

Seite 82: 1988 kam die ZauberShow bei ASS heraus

Beim Sammeln von allen möglichen Zaubersets stieß Witt auf amerikanische Push-out-Bögen, also Pappsets mit vorgestanzten Teilen, die man herausbricht und zusammenfügt. „Mir gefiel die Idee, daß man Tricks selbst basteln muß, aber vom meist simplen oder häßlichen Design war ich enttäuscht. Ich wollte etwas Anspruchsvolleres daraus machen.“

Also entwickelte er für einen Verlag Zauber-Bastelmappen mit Kunststücken, die auf dem deutschen Markt bis dahin nur in Metall oder Holz erhältlich waren. Witts erstes großes Werk auf diesem Feld bestand ebenfalls aus Karton: Ein Cut-out-Kasten, der etliche Tricks vereinte, die es im Kleinformat schon lange nicht mehr gab. Beispielsweise die berühmte Hirseglocke aus dem frühen 19. Jahrhundert, damals eine gedrechselte Holzglocke, die man mit der großen Öffnung nach unten auf den Tisch stellte. Daneben stand ein kleines Holzfaß mit Hirsekörnern, die nach einem Zauberspruch aus dem Faß verschwanden und unter der Glocke auftauchten.

Die Herstellung aus Holz ist kostspielig, doch seit Witts Tüftelarbeit – der erste und ein weiterer Kasten erhielten das *spiel-gut*-Siegel – sind solch hübsche Kunststückchen wieder

erschwinglich. Aus Karton zwar, aber trotzdem nicht von Pappe. Für Nostalgiker, die auf den Glanz gediegener Utensilien schwören, hat er drei alte Zauberkästen nachbauen lassen und die Regelbeschreibungen überarbeitet. Verständliche und ausführliche Textbeilagen, klare und anschauliche Zeichnungen, die zum Hinsehen reizen – auch sie sind ein Beitrag zur Transparenz, die Wittus Witt ins Zauberhandwerk bringen möchte. Noch dazu ist ihm ein sehr kleiner Geniestreich geglückt: 21 Tricks brachte er in einem Streichholzdöschen unter, dem platzsparendsten Zauberkasten der Welt.

Die magischen Schachteln gelten als klassische Weihnachtsgeschenke, als ein harmloses Spielzeug. „Dabei", so findet Wittus Witt, „gibt es keine spezifischen Kindertricks. Vermeintlich einfache Darbietungen verblüffen jung und alt gleichermaßen, wenn man sie gut bringt." Seine selbst konzipierten Angebote enthalten aber auch einige Kunststücke, die jederzeit das Publikum eines Zauberprofis unterhalten können.

Zündende Unikate, aufsehenerregende Tricks, deren Technik er nicht so schnell zu Markte trägt, sind mit Witts Streben nach Enttarnung vereinbar. Vor allem für seine Produktzauberei läßt er sich den köstlichsten Hokuspokus einfallen.

Auf edle Fischspeisen zum Beispiel machte er folgendermaßen Appetit: Eine kleine runde Fischdose steht auf einem Tablett, darüber stülpt der Zauberer eine vornehme Servierglocke. Sofort nimmt er die Glocke wieder weg und auf dem Tablett liegen viele leckere Canapees, angerichtet mit dem Fisch aus der Dose und reich dekoriert. Die Konservenbüchse selbst ist spurlos verschwunden. Ein modernes Tischlein-deck-dich Marke Wittus Witt.

Originelle Zauber-Bastelmappen entwarf der Zauber-Designer für den Schreiber Verlag in Esslingen.

„Die Verbindung von Design und Zauberkunst halte ich einfach für perfekt", schwärmt der rastlos Kreative. „Beide

Kompaktes Zauberzeug: Für Simex ließ sich der Zauber-Designer diese Box einfallen.

Fast vergessen: die rund 200 Jahre alte Hirseglocke – jetzt aus Karton.

Bereiche sind auf Optik und Kommunikation aus. Ich sitze sehr gern am Computer, der für mich ein herrliches Spielzeug ist." Damit meint er allerdings keine Computerspiele, sondern konkrete Hilfen beim Gestalten. „Wie schnell sehe ich auf dem Bildschirm, ob ich die eine Zeile in Rot, die andere in Violett oder Blau setzen kann! Ob ein Bild zur Schrift paßt usw." Die wahren Zauberer dieser Zeit hat Wittus Witt ohnehin nicht im eigenen Lager ausgemacht, sondern in den Entwicklungslabors von Computerfirmen. Wenn er zu Hause mit professioneller PC-Technik an Druckvorlagen werkelt, kommt der Zauberer ins Staunen: „Wie man auf kleinen Disketten eine Unmenge an Informationen verstauen kann, das fasziniert mich total!"

Für Witt ein ganz besonderer Zauberapparat: Der Computer auf seinem Schreibtisch.

Für den Zaubergerätehändler ASTOR gestaltete Wittus Witt unter anderem diese beiden Katalog-Titelseiten.

Etliche Titelseiten entwarf er zum Beispiel für die große deutsche Zauber-Fachzeitschrift »Magische« Welt.

Auch Fachbücher tragen seine Handschrift, etwa die von Hannes Höller herausgegebenen Publikationen.

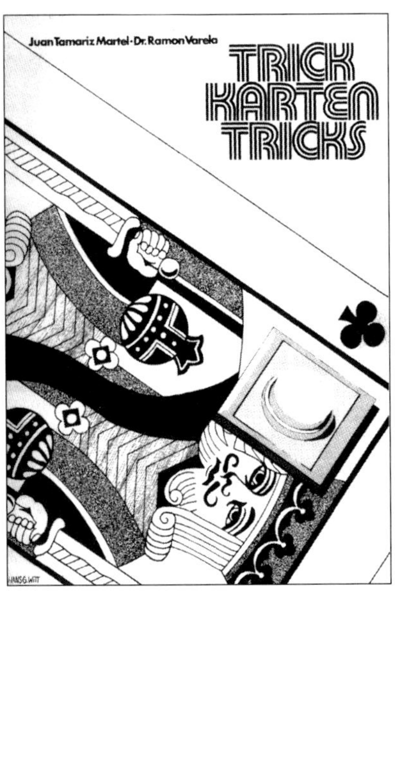

Abgebrannt

Malen Sie mit einem dicken, schwarzen Filzstift ein Streichholz bis zur Hälfte – einschließlich Kopf – an. Schon aus wenigen Zentimetern Entfernung sieht es aus, als sei es ein bereits benutztes, abgebranntes Holz. Legen Sie dieses Streichholz in einen Aschenbecher, in dem schon einige andere, wirklich benutzte Hölzer liegen. Wenn jemand Feuer braucht, suchen Sie das vorbereitete Holz, zeigen es kurz und geben ihm einen „magischen" Hauch. Daraufhin können Sie es „noch einmal" anzünden.

Wie kommt der Pfennig in die Flasche?

Knicken Sie ein Streichholz in der Mitte halb durch. Es sieht jetzt aus wie der Buchstabe „V". Das „V" legen Sie auf die Öffnung einer Flasche und legen darauf den Pfennig. Die Abbildung zeigt, wie alles aussieht. Die Aufgabe für Ihre Zuschauer

besteht darin, den Pfennig in die Flasche zu bekommen, ohne Streichholz, Pfennig oder Flasche zu berühren.

Die Lösung liegt in einem Wassertropfen, den Sie auf die Spitze des „V"s fallen lassen. Das Holz dehnt sich aus, die beiden V-Schenkel bewegen sich auseinander, der Pfennig fällt in die Flasche.

Karten raten

Legen Sie fünf Spielkarten auf den Tisch. Die Bildseiten zeigen nach oben. Nun bitten Sie einen Zuschauer, eine Karte herumzudrehen, also nicht umzudrehen, sondern nur flach auf dem Tisch um 180 Grad zu drehen. Sie haben sich während des Vorganges

abgewandt. Wenn Sie sich wieder zum Tisch wenden, können Sie sofort sagen, welche Karte gedreht worden ist. Das Geheimnis liegt im wahrsten Sinne des Wortes offen auf den Bildseiten. Sie brauchen sich nur vorher genau zu merken, in welche Richtung die Punkte auf den Karten weisen. Hier drei Beispiele: Auf der Kreuz 7 eigen vier der Kreuze in dieselbe Richtung. Bei der Pik 9 zeigen 5 Punkte in dieselbe Richtung, und beim Kreuz As zeigt das mittlere Kreuz in eine Richtung. Diese Lage der Punkte ist leicht zu merken. Wenn jemand eine Bildkarte umgedreht hat, erkennen Sie dies an dem Rand um das Bildmotiv. Dieser Rand ist nie exakt im gleichen Abstand zum Kartenrand.

Springender Gummiring · unmöglich

Mit einem Gummiring können Sie Ihren Zuschauern zeigen, wie er auf Ihren Fingern hin- und herspringt. Sie ziehen den Gummiring über Zeige- und Mittelfinger bis zum Handansatz Ihrer linken Hand (Abb.A). Wenn er zu locker sitzt, dann nehmen Sie ihn doppelt. Ergreifen Sie den Gummiring mit der rechten Hand, um zu zeigen, daß er

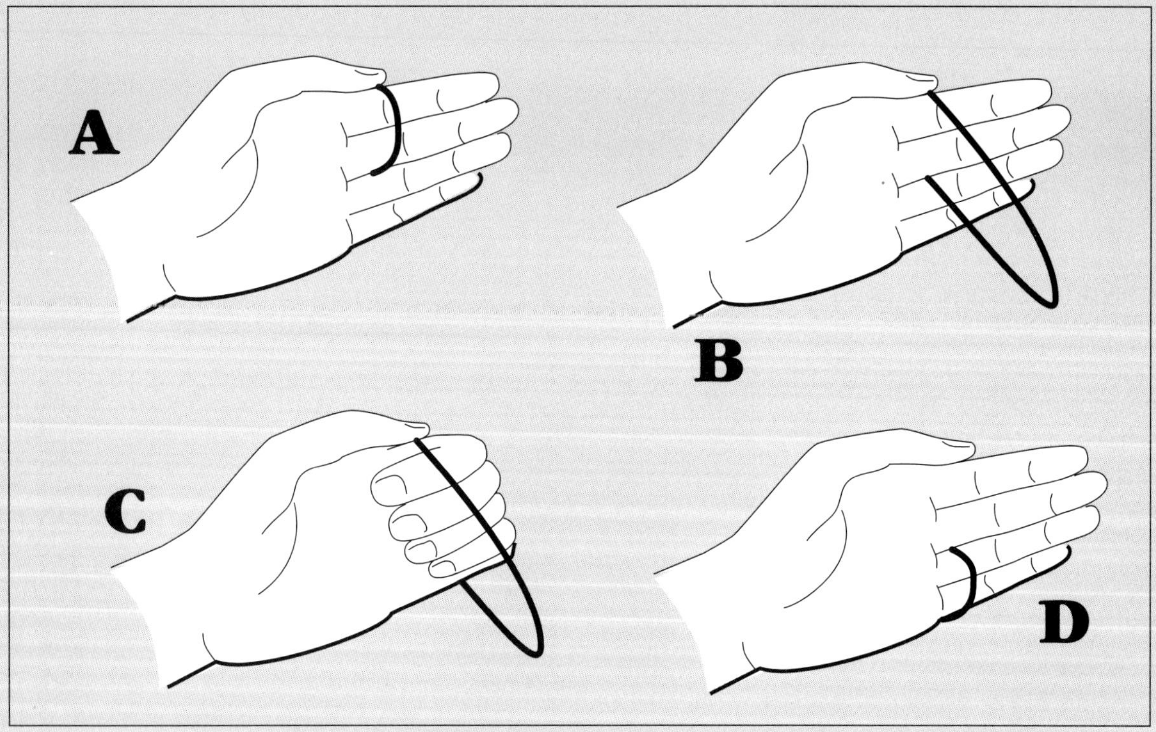

wirklich auf den beiden Fingern sitzt. Hierbei wird der Gummiring gedehnt. Ehe Sie das Gummi loslassen, bringen Sie schnell alle vier Finger unter den Ring (siehe Abb. B+C). Ihre Hand ist jetzt zur Faust geballt. Der Handrücken zeigt zu den Zuschauern. Man sieht deutlich, daß der Gummiring um Zeige- und Mittelfinger liegt. Ihre Zuschauer sehen nicht, daß alle vier Fingerspitzen unter dem Gummiring liegen. Wenn Sie nun die Hand schnell öffnen, wandert der Ring auf Ring- und Kleinfinger (Abb.D).

Springender Gummiring · völlig unmöglich

Sie können das oben beschriebene Kunststück auch noch einmal wiederholen. Diesmal allerdings mit einer zusätzlichen Schwierigkeit. Sie spannen einen Gummiring wieder um Zeige- und Mittelfinger. Nun kommt die Schwierigkeit, die in Wirklichkeit nur zur Ablenkung beiträgt. Sie nehmen einen zweiten Gummiring und verbinden damit die Fingerkuppen der linken Hand wie folgt: Sie setzen den Ring über die Zeigefingerkuppe, drehen den Gummiring und legen ihn über die Kuppe des Mittelfingers. Dehnen Sie das Gummi und drehen es über die Kuppe des Ring- und dann weiter über die Kuppe des kleinen Fingers. Nun können Sie den eingeschlossenen Ringe genau so wandern lassen, wie oben beschrieben.

Streichholzquadrat

Legen Sie vier Hölzer genau so wie auf der Abbildung. Die Aufgabe besteht darin, ein Quadrat mit diesen vier Hölzern zu bilden. Es darf jedoch nur ein einziges Holz bewegt werden.

Dies ist ein gutes Beispiel, das „unlogische Denken“ zu demonstrieren. Fast alle

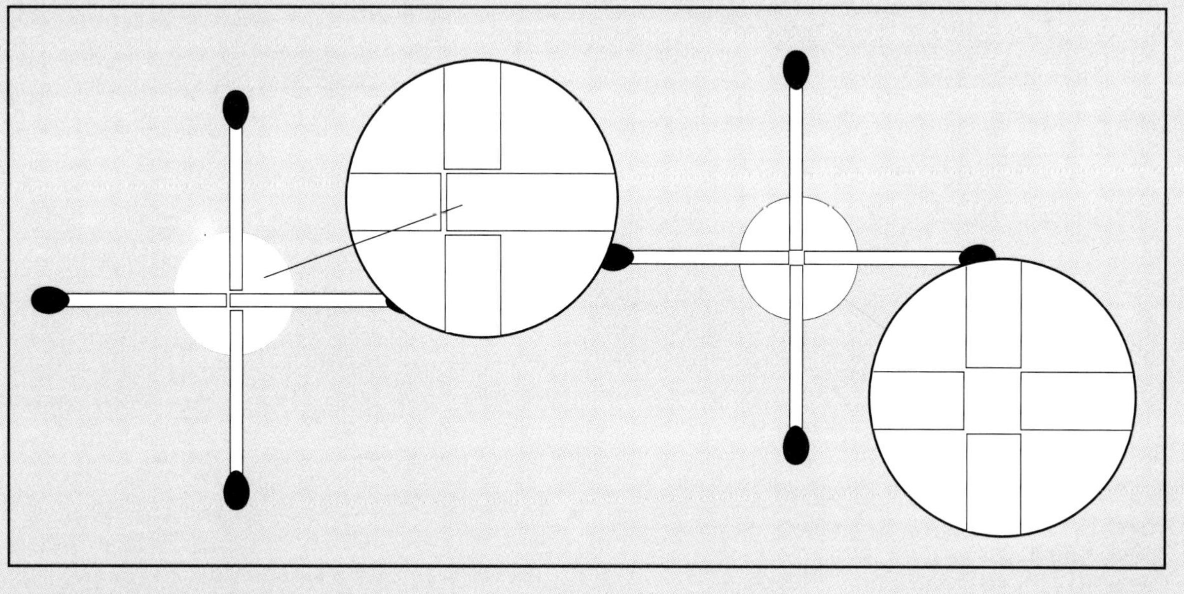

Betrachter dieser Aufgabe, überlegen sich, wie mit den langen Seiten der Hölzer ein Quadrat gebildet werden kann. Aber die Hölzer haben noch eine weitere, eine „kurze" Seite. Die Abbildung zeigt die Lösung: Man braucht nur das nach rechts zeigende Holz etwas nach außen zu ziehen, dann entsteht zwischen den Enden der vier Streichhölzer ein Quadrat. Die Kreisausschnitte verdeutlichen die exakte Lage der Hölzer.

Farbenraten

Sie kennen bereits im voraus die Farbe, für die sich ein Zuschauer entscheiden wird. Sie benötigen dazu fünf Streichholzschachteln, die Sie mit verschiedenen Farbpapieren bekleben. Nehmen wir an, es sind die Farben Rot, Gelb, Blau, Grün und Schwarz.

Auf die Unterseite der schwarzen Schachtel zeichnen Sie ein großes Kreuz. Auf den Boden der Lade in der grünen Schachtel zeichnen Sie ebenfalls ein Kreuz.

Ferner benötigen Sie ein Kärtchen, das etwas größer ist als eine Streichholzschachtel. Auf die eine Seite des Kärtchens zeichnen Sie zum dritten Mal ein Kreuz.

Auf die andere Seite des Kärtchens schreiben Sie: „Blau".

Die fünf Schachteln und das Kärtchen (das Kreuz zeigt nach oben) legen Sie auf einen DIN-A-4-großen Umschlag. Auf der Rückseite des Umschlages haben Sie das Wort „Gelb" geschrieben. In dem Umschlag befindet sich ein Zettel, auf dem das Wort „Rot" steht.

Bitten Sie einen Zuschauer, sich eine Farbe auszusuchen. Er soll sich genau überlegen, welche Farbe er wählt. Das Kreuz-Kärtchen legen Sie jetzt auf die gewählte Schachtel. Betonen Sie, daß der Zuschauer jede Schachtel hätte bestimmen können. Dennoch kannten Sie im voraus die Farbe.

Hier die Lösungen: Wird die rote Schachtel gewählt, nehmen Sie den Zettel aus dem

Umschlag und zeigen das darauf notierte Wort „Rot". Wird die gelbe Schachtel gewählt, nehmen sie ebenfalls den Umschlag auf und drehen ihn um. Man sieht das Wort „Gelb".

Wird Blau gewählt drehen Sie das Kärtchen um. Wird die Farbe Grün gewählt, ziehen Sie die Lade heraus und zeigen auf das Kreuz darin. Alle anderen Laden werden anschließend ebenfalls gezeigt. Natürlich ist auf keiner weiteren Lade ein Kreuz. Wird die schwarze Schachtel gewählt, dann drehen Sie diese Schachtel um und zeigen das Kreuz. Alle anderen Schachteln können Sie dann auch umdrehen.

Schachteldurchdringung

Bei diesem Kunststück durchdringt scheinbar ein Streichholz die Schachtel. Vor der Vorführung haben Sie ein Holz zwischen Lade und Hülle so gegeben, wie es auf der Abbildung zu sehen ist. In der Lade liegen einige Streichhölzer. Mit Ihrer rechten Hand ergreifen Sie die Schachtel derart, daß der Daumen auf und der Zeigefinger unter der Schachtel liegt. Dabei verdeckt der Zeigefinger die Kuppe des Streichholzes (siehe Abb.).

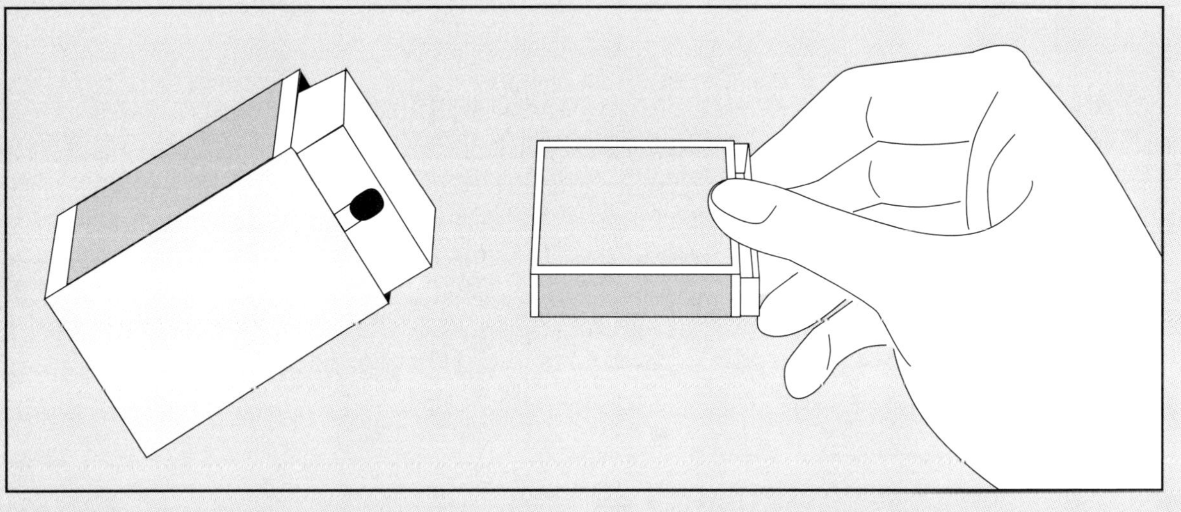

Ziehen Sie nun die Lade mit der rechten Hand aus der Hülle hervor, so daß man die darinliegenden Hölzer sehen kann. Ziehen Sie die Lade so weit heraus, daß das eingeklemmte Holz frei wird und nur noch mit dem Zeigefinger gegen die Lade gedrückt wird. Die Lade darf dabei nicht völlig aus der Hülle herausgezogen werden. Schieben Sie nun die Lade wieder in die Hülle. Dabei kommt das Holz automatisch unter die Streichholzschachtel und wird vom rechten Zeigefinger gegen den Boden der Hülle gedrückt. Schnippen Sie jetzt mit der linken Hand auf die Schachtel und geben dabei mit dem rechten Zeigefinger das Holz darunter frei. Es entsteht der Effekt, als ob ein Holz die Schachtel durchdrungen hätte.

ZAUBERKÄSTEN
Zaubertricks

Bücher · Hefte · Gelbe Seiten

Der Autor und Herausgeber

Vielleicht ist das sein größtes Berufsgeheimnis: Wie kommt der reisende, gestaltende, sammelnde, talkende Zauberer und Selbstmanager Wittus Witt auch noch zum Schreiben? Die lange Liste seiner Veröffentlichungen (siehe Seite 122) verrät ein bohrendes Interesse am eigenen Metier und einmal mehr den Wunsch, die Mitwelt darin einzuweihen. Bisweilen piekst er sie auch, indem er in seiner Villa oder unterwegs mit dem Notebook auf den Knien die Tasten bearbeitet.

Als 1986 sein erstes Buch – *Taschenspieler-Tricks* – herauskommt, kennt ihn die lesende Fachwelt längst: Zahlreiche Beiträge hat er in rund einem Dutzend internationaler Zeitschriften geschrieben. Einige Blätter, etwa Werrys *»Magische« Welt*, Deutschlands führendes Zaubermagazin, reservieren ihm damals schon über Jahre eine Kolumne. Der Autor stellt in Wort und Zeichnung neuartige Tricks vor, erzählt aus der Zauber-Historie und der aktuellen Szene, schimpft öffentlich darüber, wie öde Zauber-Kongresse ablaufen oder wie einfallslos viele Kollegen für ihre Kunst werben.

1986 erscheint „Taschenspieler-Tricks"...

Vor diesem Hintergrund überrascht das Konzept der *Taschenspieler-Tricks*: Witt schreibt und illustriert den Band nicht nur für professionelle Täuschungskünstler. Unerfahrene Laien und Amateure regt er durch selbsterprobte Ratschläge an, mit den dargestellten Tricks auf Straßen und Plätze zu gehen. Bisher hat das Buch drei Auflagen erreicht, doch die Anbeter altehrwürdiger Geheimnisse können beruhigt sein: Mit dem Eingemachten des Zauberhandwerks geht der Verfasser sparsam um.

...und schon ein Jahr darauf „Zauberkästen".

Ebenfalls großformatig bringt Hugendubel 1987 *Zauberkästen* heraus: Witts einzigartige Sammlung als beschauliches Kompendium, das in die Geschichte eines Spiel-Klassikers einführt. Dann wird WW nebenher Verleger und Produzent. Zum 100. Geburtstag von Cortini veröffentlicht er 1990 in Eigenregie eine Monographie über den großen ostpreußischen Illusionisten und Manipulator. Hannes Höller schildert darin das bewegte Leben des Mannes, der angeblich den Zerreißtrick mit der Zeitung erfand: Eine Zeitung wird zerfetzt und anschließend wieder heilgezaubert. Mit dem Cortini-Band bekommt

Wer – Wo – Was?
Seit 1977 trägt Wittus Witt Anschriften von Zauberhändlern, Fachzeitschriften, Clubs und Zauberspezialisten aus aller Welt zusammen und veröffentlicht sie alle zwei bis drei Jahre unter dem Titel „Gelbe Zauberseiten". Das allererste Heft trug jedoch noch den Namen „Zauberwelt".
Die Idee dazu erhielt Wittus von dem kanadischen Zaubererfinder und -autor Sid Lorraine, den die Witts 1975 besuchten.

das deutsche Publikum wohl erstmals ein Zauberbuch zu lesen, das ohne Trickbeschreibungen auskommt, sich ganz dem Leben eines Künstlers widmet (und vom Herausgeber auch ins Englische übertragen wird). Kollegen rund um den Globus schickt der weitgereiste Profi mindestens einmal monatlich ein kompaktes Periodikum ins Haus: *ABC of Faxic*, das einzige Fachblatt, das gefaxt wird. Witt himself spießt in der schnellen Postille auf, was ihn und viele andere Beobachter der Zauberei bewegt.

Strikt rückwärtsgewandt ist *A-B-C of magic-sets*, ein bebildertes Heft, das Zauberkästen präsentiert – wann immer es die Zeit des Absenders erlaubt. Endgültig zum magischen Dienstleistungsbetrieb wurde der Multi-Media-Mann schon 1977. Seitdem bietet er alle zwei bis drei Jahre die Gelben Seiten der Zauberbranche an: Inzwischen über 2000 Anschriften aus aller Welt – von Archiven in Brasilien und Ungarn über slowenische und texanische Trickläden bis zum zauberisch interessierten Videovertreiber in Pullach.

Zwei- bis viermal jährlich gibt WW das Periodikum „A-B-C of magic sets" heraus. Es spiegelt in mancher Hinsicht auch die technische Entwicklung des Herausgebers wider: Waren die ersten Hefte noch mit der Schreibmaschine getippt, so sind die jüngsten Ausgaben in perfektem Lichtsatz erschienen.

Miss Saigon
ΔE = h · v
100
Wittus Witt, Magier.
Renitenz-Theater
am Rhein
CLAUDIO MONTEVE
1567-1643
464
Zauberkünstler
Wittus Witt
München
Stadt
weltberühmter
Biere
80
DEUTSCHE BUNDESPOST
Wittus Witt
am 17. März 88
Stadtmuseum
St. Jakobsplatz
München 2
Privat
Herrn
Wittus Witt
Zauberer
Studio Hamburg
Tonndorfer Hauptstrasse 90
2000 / Hamburg 70
DEUTSCHE BUNDESPOST
100
WAIKATO FASTPOST
5-PM
8 NOV
1991
$1 NEW ZEALAND
Forest ringlet
Dodonidia helmsi
Krefeld
150 JAHRE ORDEN
DEUTSCHE
Herrn
Wittus Witt
z.Zt. im
Düsseldorfer Kom(m)öd
Hunsrückenstr.
4000 Düsseldorf 1

Jim, Tim und Petula

Die Fangemeinde

Wer sich für die Kunst der knappen Verblüffung, für hintersinnige Kurzweil erwärmt, kreischt nicht vor Vergnügen. Wittus Witt zaubert gewöhnlich ein breites Strahlen in die Gesichter („Wie hat er das jetzt wieder geschafft?!"). Kinnladen klappen nach unten, offenstehenden Mündern entfährt ein erfreutes „Oooh!", ein heiteres Lachen. Vier oder fünf Schrecksekunden, sorgsam aufs Programm verteilt, steigern den Spaß noch – nicht nur bei der Szene mit der Tischguillotine, die zum Glück doch kein Handgelenk durchtrennt, sondern bloß eine Gurke. Heidi Brühl, die Schauspielerin und Sängerin, schrie förmlich auf, als sie die wandernden Bälle am eigenen Leib erlebte: Sie bekommt einen Ball in die Hand, Wittus nimmt den zweiten, läßt ihn verschwinden – und als die namhafte Mitspielerin ihre Hand öffnet, kugeln beide Bälle heraus. Gar nicht oft genug kann sie den höchst düpierenden Trick sehen.

Von Witts Fingerspielen war Karl Dall angetan: Der Zauberer formt mit Zeigefinger und Daumen einen Kreis, bittet den rotzfrechen Komiker, die Bewegungen brav nachzumachen. Dall müht sich redlich, doch als sein Finger-Kreis am Kinn landet, ist er reingefallen. Wittus hat nämlich vom Kinn geredet, seinen Kreis aber an die Backe gelegt – und damit wieder mal die Sogkraft des Wortes bewiesen.

Der gefesselte Daumen fesselte Petula Clark. „Incredible!" ruft der englische Showstar, nachdem sie mitangesehen hat, wie sich Wittus Witt von zwei Reifen befreit, die über seinen Armen hängen. Hinterher bestürmt sie den Zauberer: „Can you teach me that trick?" Aber der Charmeur bleibt hart.

Eher staatsmännisch-kühl, wie die Welt ihn nun mal kennt, nahm Altkanzler Helmut Schmidt die besonderen Fähigkeiten des Wittus Witt auf. „Zauberer und Politiker, das ist doch fast das gleiche", erklärte er dem Unterhaltungskünstler. Und der konnte Schmidt sogar beipflichten: „Das Zepter des Regenten und der Stab des Zauberers, beides symbolisiert Macht."

Wittus Witt gehört nicht zu denen, die ihre Bedeutung daran messen, wie viele Prominente sie um sich scharen. Wenn es sich bei Gastspielen oder Talkshows ergibt, daß er Vicky Leandros, den Schwarm seiner Teenagerträume, oder Engel-

Sehr geehrter Herr Witt, am Freitag, den 29.5. ist für unseren Sohn Wolfram und Freund Marco (beide 17) ein besonderer Tag: Beide haben das Glück, ihren verehrten Wittus Witt sehen zu können, sich von ihm verzaubern zu lassen, vielleicht sogar ein Gespräch zu führen. Leider können wir nicht mitkommen, was wir Eltern sehr bedauern. Andererseits freuen wir uns sehr, daß die beiden jungen Männer, die auch in ihrer Freizeit zaubern, dabei sein können. Ja, mit Ihnen fing alles an, d.h. mit Ihrem sehr schönen Zauberkasten von 1986, und nun gibt es für unseren Sohn schon seit Jahren kein Zurück mehr, was wir auch begrüßen: Zu schön ist die Kunst, worin sich beide üben und die Sie vertreten!!!! Wieviel Können gehört dazu, wieviel Konzentration und Einfühlungsvermögen, wieviel psychologisches Geschick, wieviel Liebe und Einsatzfreude! Ihren Auftritt vom 13.5.'89 haben wir in guter Erinnerung, seitdem gehören wir zu Ihren Fans. Wir wünschen Ihnen für diese Woche sehr viel Erfolg, den Sie ja sowieso haben werden, denn wer zu Ihnen ins Kom(m)ödchen kommt, will Sie ja auch sehen! Wir wünschen uns, daß Sie Zeit für ein Gespräch mit den beiden Freunden haben werden und danken Ihnen schon jetzt dafür.

Viele herzliche Grüße von Ihren Bremer Fans Monika, Hartmut und Wolfram

bert Humperdinck zum Staunen bringt – schmunzelnd spielt der Zauberer mit, ohne deswegen Photoalben (*Ich und die VIPs*) zu füllen.

Mehr Zeit widmet er vielen kleinen und großen Briefschreibern, die ihn fast täglich wißbegierig ausfragen, begeistert loben oder kritisieren. Sein hartnäckigster Verehrer: Ein junger Nachwuchszauberer aus Bottrop. Tapfer bekämpft Tim seit Jahren seine Angst, dem bekannten Künstler eventuell lästig zu werden: „Ich möchte Sie bitten, mir mitzuteilen, falls ich Sie zu sehr mit meinen Briefen störe, da dieses nicht meine Absicht ist." Tim hält sein großes Vorbild auf dem laufenden, was die eigenen zauberischen Fortschritte betrifft. Sammelt inzwischen alles über WW. Tröstet ihn, wenn ein Fernsehmann aufdringliche Fragen gestellt hat. Oder erzählt von seinem Lehrmeister daheim im Ruhrpott: „Den Mann, der mir die Zauberei beibringt, haben Sie schon einmal kennengelernt. Vor vielen, vielen Jahren sind Sie mal vor und in einem Kaufhaus aufgetreten, und während der Pausen haben Sie sich zum Schlafen auf, ich glaube, alte Kleidungsstücke im Lager gelegt. Mein Lehrmeister, der dort als Chefdekorateur angestellt war, hat Sie immer geweckt."

Wittus Witt ermuntert den Schüler immer wieder, freut sich über sein ausgeprägtes Interesse am Zaubern, bremste Tims Elan jedoch, als er anfragte, „ob es irgendwie möglich wäre, in den Ferien ein Praktikum bei Ihnen zu machen. Ich würde wirklich hart arbeiten." Die Absage enthielt einen Hoffnungsschimmer: „Zauberkünstler ist zwar durchaus ein Beruf, aber leider kein Lehrberuf. Nur wenn die Schule ein Zauber-Praktikum anerkennt, wäre ich bereit, einen Praktikanten anzunehmen."

Bloß einmal klappte die Kommunikation nicht: Tim nahm seinen ganzen Mut zusammen, wählte die Rufnummer des Bewunderten und reagierte wie gebannt, als dieser selbst am Apparat war. Im nächsten Brief des furchtsamen Fans hieß es: „Als Sie sich dann gemeldet haben, habe ich gesagt, ich hätte mich verwählt."

Streng nahm die 12jährige Irmtraud, ein grübelndes Mädchen aus dem Württembergischen, den Profi heran. „Ich verstehe einfach nicht, wie Sie als Christ Zauberkünstler werden konnten. Oder sind Sie am Ende gar kein richtiger Christ? Wann haben Sie das letzte Mal die Bibel gelesen? (Diese Frage brauchen Sie mir nicht zu beantworten, sie ist nur für Sie zum Nachdenken.)" Freundlich, aber bestimmt schrieb ihr der

Gescholtene etwas zu seiner Auffassung vom Christ-Sein („In erster Linie: Nächstenliebe praktizieren!") und warnte davor, seine Kunst mit Bibeltexten zu verwechseln. Eine Gefahr, der manchmal nicht nur Schulkinder erliegen…

Warmherzige Anerkennung sprach aus den Zeilen, die der alte Jim Haviland aus dem winterkalten Dover schickte. Der Mann mit dem Koffertisch zauberte jahrzehntelang in den Straßen und Kneipen von London, ehe er im Süden Englands damit begann, seine Straßen-Erfahrungen für Zauberzeitschriften aufzuschreiben und in Europa Fachseminare zu geben. Wittus Witt würdigte ihn in seinem Buch *Taschenspieler-Tricks*, und Jims Kompliment war nicht irgendeins: „You have made a really good job of writing the book. All the information in it is *wunderbar*!"

Ein englischer Zauberkollege entdeckte eines Tages, daß das WDR-Fernsehen auch in seiner Heimat empfangen werden kann und schickte eine Karte an Wittus Witt:

„I watch you on KuK, it is an excellent spot, your dress, the background music, everything is just right.

Best wishes
David Price"

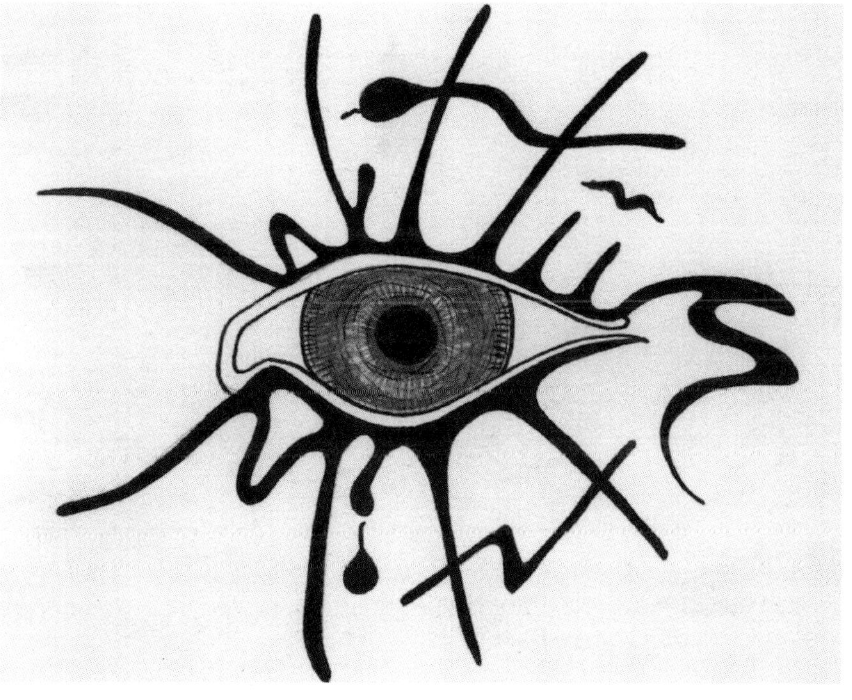

Andrea M. aus Düsseldorf war von dem „magischen" Auge des Wittus Witt so angetan, daß Sie es ihm als Kunstgruß schickte.

Donnerstag, 17. Juni 1993

Ein Tag im Leben des Wittus Witt

1.30 Uhr Endlich komme ich ins Bett. Zwei Auftritte vorbereitet, die an diesem 17. Juni geplant sind. Stelle den Wecker auf 5.30 Uhr.

Hanns Dieter Hüsch soll einmal die drei häufigsten Fragen, die man Künstlern stellt, so zusammengefaßt haben: Können Sie davon leben, haben Sie etwas Anständiges gelernt, und was machen Sie tagsüber?
Das Foto auf Seite 100 zeigt WW beim „Bügeln" der Zaubertücher, die naß auf die Fensterscheiben gelegt werden. Wenn Sie trocken sind, fallen sie glatt ab.

5.18 Uhr Don Bosco schleckt mein Gesicht ab, ich muß also zwölf Minuten früher aufstehen. Manchmal können zwölf Minuten soviel bedeuten! Wollte doch so lange wie möglich schlafen!

5.20 Uhr Setze den Wasserkessel auf, gehe ins Bad.

5.30 Uhr Nochmal Wasserkessel für meinen morgendlichen Tee aufgesetzt. Wenn schon Tee, dann mit frisch kochendem Wasser.

5.33 Uhr Fritz, Don Bosco, Salomé, Tröpfchen und Zorro kommen hungrig in die Küche. Muß zwei Dosen aufmachen, um sie satt zu kriegen. Katzen liebe ich nun mal! Während sie fressen und das Teewasser erneut kocht, mache ich die Katzenklos sauber – drei Stück, eins in unserem Schlafzimmer, eins im Gäste-WC und eins im ersten Stock. Gerade noch Zeit für eine Tasse Tee, sonst nichts. Mist.

5.45 Uhr Bringe meine zwei Taschen ins Auto und fahre nach Düsseldorf, 35 Kilometer von Krefeld entfernt.

6:18 Uhr Parke am Bahnhof und renne zum Bahnsteig hinunter. Keine Zeit, um eine Fahrkarte zu kaufen. Mist. Das bedeutet Ärger mit dem Zugschaffner.

6.30 Uhr Der Zug ist pünktlich. Sitzplatz-Suche. Jeder Platz belegt oder reserviert. Nun ja, ich nehme einen Sitz mit Reservierung ab Bielefeld. Mein Ziel ist Hannover, Bielefeld kommt 40 Minuten vorher.

8.30 Uhr Die ganze Zeit geschlafen. Bielefeld liegt schon weit zurück. Keiner will „meinen" Platz, Gott sei Dank.

9.30 Uhr Ankunft in Hannover. Nehme die U-Bahn zum Messegelände, von dort Taxifahrt zum *Parkhotel am Messegelände,* dem Auftrittsort. Das Taxi braucht für zwei Kilometer 20 Minuten, weil rundum alle Straßen verstopft sind.

10.30 Uhr Endlich im Hotel. Frage nach dem Veranstalter des Treffens, das ich unterhalten soll, und nach einer Garderobe für mich. Das Hotel ist ausgebucht, kein Raum mehr frei. Der Veranstalter begrüßt mich. Ich sage ihm, daß ich ein Zimmer brauche, um mich vorzubereiten und ein wenig frisch zu machen. Er fragt – und plötzlich haben sie doch noch einen Raum. Mein Auftritt soll um 12.15 Uhr beginnen, spätestens um 13.15 Uhr muß ich weiter. Im Zimmer bereite ich mich vor und fange an, diesen Bericht zu tippen.

12.10 Uhr Ich gehe runter, um die Gesellschaft zu sehen, die ich bezaubern soll. Der Organisator sagt mir, die Vorstellung werde „ein bißchen" später als 12.15 Uhr beginnen.

12.35 Uhr Ich fange an. Nur 15 Zuschauer. Es ist schwierig, wird aber doch noch ein schöner Erfolg. (Was sonst würde ich hier aufschreiben?)

13.15 Uhr Das Taxi, das ich für 13 Uhr bestellt habe, wartet noch und bringt mich zum Flughafen. Mein Flug nach Nürnberg – der einzige von Hannover – ist für 14.30 Uhr angesetzt.

14.30 Uhr Das Flugzeug hebt ab, und ich schreibe weiter an dieser kleinen Geschichte. Streit mit einer Stewardess, die nicht möchte, daß ich das Notebook benutze.

16.30 Uhr Ankunft im Hotel in Nürnberg, schlafe sofort eine Stunde. Bin schrecklich müde, abends muß ich vor 60 Managern des größten deutschen Versandhauses zaubern. Vor mir soll ein Komiker-Ensemble auftreten, das verrückte Kellner spielt, nach mir eine junge (sehr junge und attraktive) Sängerin.

18 Uhr Mit einem Taxi zum Auftrittsort – eine Villa. Dort finde ich alles mehr oder weniger OK. Wieder mal keine ordentliche Garderobe für mich. Ich hasse das!

18.30 Uhr Einer der Veranstalter lädt mich zu einem erstklassigen Abendessen ein. Auch die junge (sehr junge und attraktive) Sängerin speist mit. Wir reden eine Menge über dies und das. Die sehr junge und attraktive Frau erzählt von einem Zauberer, der ihre Jugendliebe war: James Brandon, USA. Mir fällt ein, daß ich vor drei Jahren vor einer riesigen Gesellschaft in Hamburg mit ihm aufgetreten bin und Streit mit ihm bekam, weil er mit Tauben zaubert. Die Welt ist klein…

Urkomische Kollegen: Das Hamburger „Scharlatan-Theater" spielt auch zu Wittus Witts Vergnügen verrückte Kellner.

20.45 Uhr Zurück ins Hotelzimmer, die Sachen für die Aufführung zusammengepackt. Mit einem Taxi zur Villa.

21 Uhr Ankunft in der Villa, Vorbereitungen für den Auftritt, der für 21.30 Uhr geplant ist. „Oh, es wird wohl ein bißchen später…" Nun gut, ich gehe zu meiner sogenannten Garderobe, schlafe 45 Minuten auf dem Boden.

22 Uhr Ziehe mich um. Bringe alle Requisiten in Position. Das Glas Orangensaft vorbereitet. Die geheimnisvolle Papiertüte gefaltet. Messer und Papier für den Messer-und-Jackett-Trick, Schnur für den Daumen Trick. Der letzte Trick ist immer Gene Andersons Zeitungsbotschaft mit dem Thema der Veranstaltung. Dieses Papier-Kunststück wird eingeführt durch die Palme und Tony van Dommelens Drei-Karten-Wunder, herausgeschnitten aus Papier.

22.10 Uhr Bin bereit zum Auftritt. „Oh, leider wird's ein bißchen später…"

22.20 Uhr Ich fange an. Der Erfolg? Siehe Hannover.

23.30 Uhr Fahrt zurück zum Hotel. Der Veranstalter lädt uns Künstler noch zu einem Drink in der Bar ein.

0.30 Uhr: Gehe ins Bett. Der nächste typische Tag kann beginnen.

Soirée mit Gorbatschow

Momentaufnahmen aus aller Welt

Über 200 Auftritte – rund 20 mal Fernsehen – 12 mal Radio – 56.000 Kilometer in der Luft: Solche Jahresbilanzen sind für Wittus Witt nicht ungewöhnlich. Über die Erlebnisse bei seinen Auslandsauftritten hat er Tagebuch geführt. Auszüge daraus lassen den Perfektionisten, den Genießer und einen geschickten Kaufmann erkennen, aber auch den aufmerksamen Beobachter von Ländern, Leuten und – Kollegen. Eine Sorge reist stets mit:

Auf jeder Tournee fürchtet der Zauberer kaum etwas mehr als übereifrige Putzfrauen in Hotelzimmern. Ein groß beschriftetes Pappschild im Gepäck soll verhindern, daß seine Utensilien – Packpapier und Sicherheitsnadeln, Umschläge und Bindfäden – im Müll landen. „Bitte nicht wegwerfen!" steht darauf.

Sydney

Samstag, 19. Mai 1990

Mittags Ankunft in Sydney. Schon bei der Zwischenlandung in Melbourne haben Andrea und ich eine eigenartige Atmosphäre gespürt. Irgendwie haben wir das Gefühl, alles geschieht so dahin, ohne rechten Ansporn, sehr lässig, aber auch gleichgültig. Der Australier hat die Mentalität: *It'll work somehow* – Wird schon irgendwie gehen. Unser Eindruck verstärkt sich am Abend.

Ich habe einen Auftritt im Deutsch-Österreichischen Club in Cabramatta, einem kleinen Vorort 30 Kilometer von Sydney entfernt. Rund 350 Gäste erwarten zwischen deutscher Schunkelmusik meinen Zauberauftritt. Ich muß sehr konzentriert arbeiten, um eine Stimmung zu erzeugen. Obwohl ich das Publikum zum Schluß „habe" und eine Zugabe geben muß, so hätten sie sicher mehr Spaß an Heino oder Freddy Quinn gehabt. Das meine ich gar nicht wertend, sondern einfach von der Stimmung her, die in solchen Clubs herrscht. Man will nicht viel nachdenken, nicht gefordert sein, nur tanzen und an Deutschland denken, das jedoch nur in sentimentalen, verklärten Erinnerungen existiert.

Montag, 21. Mai

Mein eigentliches Engagement in Sydney beginnt: Zaubereien für einen deutschen Großproduzenten von Pneumatik-Geräten. Der Messe-Rahmen ist nicht so vorteilhaft wie letztes Jahr in Melbourne, wo sämtliche Aussteller unter einem Dach waren. In Sydney verteilt sich alles auf vier Hallen, die weitaus mehr Raum bieten, als Aussteller füllen können. Und die relativ wenigen Besucher verteilen sich auf eine enorme Fläche. Ich bin sehr unglücklich, denn in einer riesigen Halle und bei schwachem Publikumsandrang läßt sich einfach keine Stimmung erzeugen.

Dienstag, 22. Mai

Ein ebenso trauriger Tag wie gestern. Es ist kaum 'was los.

Mittwoch, 23. Mai

Endlich: Die Massen strömen! Jede meiner Vorstellungen ist gut besucht, und wir bekommen viel Spaß. Abends werde ich zu einem Zauberclub eingeladen: *The International Brotherhood of Magicians*. Die rund 30 Mitglieder treffen sich einmal im Monat im Zauberstudio des bekannten Maurice Rooklyn, Jahrgang 1905. Leider liegt Mr. Rooklyn im Krankenhaus, es geht ihm sehr schlecht. Ich erzähle ein wenig über die Zauberszene in Deutschland und stelle meine beiden Neuerscheinungen vor: Gelbe Zauberseiten Nr. 6 und die Cortini-Monographie. Von jedem Buch habe ich fünf Exemplare dabei – jeweils drei kann ich verkaufen. Zum ersten Mal werde ich in Australien von Australiern zur deutsch-deutschen Situation befragt.

Maurice Rooklyn, der große australische Zauberkünstler (1905–1992).

Paris

Besonders edel waren die Damen und Herren, die Wittus Witt anläßlich einer Gala in Paris unterhielt. Helmut Kohl und Margaret Thatcher schauten zu, illustre Literaten und Schauspieler – sie alle lebensgroß und doch nicht leibhaftig. Der Zauberer präsentierte seine Kunst inmitten des Wachsfigurenkabinetts im Musée Grévin. Von der aufwühlenden Vorgeschichte des Abends bekamen die Gäste nichts mit.

29. November 1990

Ich soll nach einem Dinner auftreten, das in einem der Hauptsäle angerichtet wird. Für rund 180 Personen werden

zwischen Victor Hugo und Charlotte Rampling, Michail Gorbatschow und Charles Chaplin Tische und Stühle aufgestellt. So schön diese Kulisse auch ist – für mich ist sie ungünstig. Um alle Gäste mehr oder weniger gleichzeitig zu verzaubern, müßte ich in dem engen Durchgang zwischen den beiden Sälen stehen! Ich bin sehr unglücklich, denn hier will ich natürlich besonders gut sein. Aber das kann ich nur, wenn mir alle Zuschauer ungehindert ihre Aufmerksamkeit schenken. Wir einigen uns zwar auf je einen kurzen Auftritt in jedem Raum, doch dieser äußerst halbherzige Kompromiß läßt mich nicht ruhen. Ich laufe durch die Museumsräume und werde zunehmend unglücklicher über die Umstände meines Auftritts. Plötzlich entdecke ich in der oberen Etage ein entzückendes kleines Theater! Ich sofort nach unten und meine Entdeckung freudestrahlend mitgeteilt. Mein Vorschlag: Das Dinner unten zu Ende führen, danach mit allen Gästen nach oben ins Theater zu meiner Vorstellung! Der Veranstalter findet die Idee prima, sein Assistent dämpft meine Erwartung, denn er weiß, daß am selben Abend in dem Theater eine weitere Veranstaltung stattfinden soll…

Zauberhaftes Ambiente: Das im 19. Jahrhundert für 323 Personen errichtete „Théatre à l'italienne" im Musée Grévin.

Ich sofort wieder rauf und hinter die Bühne zum Techniker, der für die andere Vorstellung schon alles präpariert. „A quelle heure avez-vous fini votre spectacle?" frage ich atemlos. „Sorry, I do not understand you", erwidert der junge Mann – er kommt aus Kanada und baut für einen Pantomimenkünstler die Bühne auf. Englisch ist mir ja auch viel lieber. Ich erfahre, daß die Vorstellung spätestens um 22 Uhr enden wird, und sofort geht mir durch den Kopf, daß Franzosen doch gern genüßlich lange essen.

Überglücklich, meine idealen Voraussetzungen zu haben, bin ich nun sicher, daß der Abend ein Erfolg werden wird. Und so kommt es auch. Da die Gäste aus verschiedenen europäischen Ländern, aus Amerika, Afrika und Australien kommen, zaubere ich ausschließlich auf englisch.

Nachdem ich gegen Mitternacht meine Requisiten wieder im Hotel verstaut habe, muß ich unbedingt „schön" essen gehen – sonst wäre ich ja nicht in Paris gewesen! Also finde ich noch ein nettes Lokal mit vielen Franzosen, einem guten Hauswein, Fischsuppe und gegrilltem Lachs.

Hong Kong

Dienstag, 8. Oktober 1991

Kaum hat meine Schwester Renate uns freudig begrüßt, „hänge" ich schon am Telefon, um Fernseh- und Rundfunkstationen und die beiden großen Tageszeitungen von meiner Ankunft in HK zu informieren (allen hatte ich schon Wochen vorher mein Informationsmaterial geschickt). Nach den Gesprächen faxe ich noch zusätzlich meine Vita, die ich natürlich schon zu Hause auf englisch vorbereitet habe.

Insgesamt zweimal war Wittus Witt Gast in der von Susan Brooks moderierten Sendung „Eye on Hong Kong".

Nachdem wir ausgepackt haben, legen wir uns erst mal hin, zum Schlafen komme ich jedoch kaum. Nach 20 Minuten klingelt das Telefon: *ATV-World*, die zweitgrößte Fernsehstation in Hong Kong, lädt mich zu einer beliebten Late-Night-Talk-Show ein: *The Matt Hackett Show*. Für den kommenden Samstag wird gleich ein Termin vereinbart.

Immer noch hundemüde, lege ich mich wieder hin, doch nach zehn Minuten geht wieder das Telefon. Diesmal ist *HKTR*, die örtliche Rundfunkstation, dran. Am kommenden Montag soll ich zu Anna Chilvers, einer beliebten Moderatorin, die täglich von 12 bis 15 Uhr ihre bunte Talkshow leitet. Kurz darauf meldet sich der *Aberdeen Marina Club*, einer der vornehmsten und besten in ganz HK. Wir vereinbaren einen Besprechungstermin für eine Reihe von Auftritten.

Donnerstag, 10. Oktober

Tagsüber bereite ich in aller Ruhe meinen abendlichen Auftritt vor. Da wir für den Flug auf unser Gepäckgewicht achteten, habe ich einige Utensilien nicht dabei, die man überall kaufen kann: Wassergläser, Spielkarten, Papier usw. Außerdem will ich in Hong Kong eine neue Tragetasche für

CLUB SCENE

The Oktoberfest, this year on three Sundays, proved to be as successful as ever, in particular the last Sunday, when German magician Wittus Witt had the audience spellbound with his tricks. We look forward to having him back next year!

今年在三個星期日舉行的Oktoberfest，尤其是最後一個星期日的Oktoberfest，成績跟以往一樣，十分美滿。那天德國魔術大師 Wittus Witt 的表演，令觀衆歎爲觀止。我們正期待他明年再蒞臨表演呢！

Auf englisch und chinesisch berichtete die Clubzeitschrift vom verzauberten Oktoberfest im Aberdeen Marina Club.

meine Requisiten kaufen. Wir finden wunderschöne Teile. Um 18 Uhr bin ich dann im Club. Ich bekomme ein schönes Zimmer als Garderobe, in die später noch drei chinesische Musiker kommen. Ich fühle mich sehr wohl, besonders als den dreien ihr Essen gebracht wird, das sie mit herzhaftem Schmatzen und Rülpsen verzehren... Mein Auftritt beginnt gegen 21.20 Uhr und endet mit einer Zugabe. Was soll ich da noch schreiben?

Samstag, 12. Oktober

Die Aufzeichnung der *Matt Hackett Show* soll um 18 Uhr beginnen, schon um 16 Uhr ist die Vorbesprechung in einem Studio im Stadtteil Kowloon. Die Dekoration ist mir vertraut, denn nachdem ich am Mittwoch den Termin verabredet hatte, habe ich mir die Show am Donnerstag angesehen. Und wieder mal werde ich vom Fernsehen überrascht: Auf dem Bildschirm macht das Studio einen viel größeren Eindruck als nun in Wirklichkeit.

Nach ein paar Minuten kommt Mr. Hackett, ein sehr sympathischer junger Mann, der mein Gesicht sofort einzuordnen weiß und mit einer angenehm-ruhigen Ausstrahlung auf mich eingeht. Mit mir sind noch ein Tänzer und der Produzent eines Musikfestivals eingeladen. Um 18 Uhr beginnt, wie geplant, die Aufzeichnung der Show, die im Grunde wie eine Live-Sendung produziert wird. Was einmal im Kasten ist, ist drin. Nur eine winzige Stelle wird wiederholt (nicht bei mir!!). Ich bin gleich zu Beginn dran. Matt läßt mich prima ausreden und gibt mir gute Chancen, mich darzustellen. Ich zeige auch meine neueste Kreation, die Tricks in der Streichholzschachtel. Nach dem letzten Sendeblock mit dem Festival-Produzenten zeige ich mit dessen Jacke noch die Messerdurchdringung.

Las Vegas

Eigentlich wollte er sich im Juli 1992 in Las Vegas nur ein paar Zaubershows anschauen. Dann glänzte Wittus Witt selbst auf einer Bühne – in einem noblen Casino-Hotel direkt am weltberühmten Strip. Doch zunächst stand der amerikanische Kollege Lance Burton auf dem Besuchsprogramm.

In Kathmandu ist die Riksha Werbeträger für Plakate (siehe Seite 104), in Las Vegas ist es das Taxi.

Dienstag, 21. Juli 1992
Lance Burton gewann 1982 auf dem Weltkongreß der Zauberkunst in Lausanne den Grand Prix. Er verkörpert den eleganten, traditionellen Zauberer. Zu den „Vier Jahreszeiten" von Vivaldi manipuliert Lance meisterhaft Spielkarten und Kerzen und läßt (leider) ab und zu Tauben erscheinen. Mit dieser Darbietung eröffnet er sein 60-Minuten-Programm im Hacienda Hotel. Danach folgt eine Reihe höchst verblüffender Illusionen und äußerst unterhaltsame Zauberei, in der Lance Burton beweist, daß er auch ein glänzender Unterhalter mit dem gesprochenen Wort sein kann. Das Publikum liebt ihn und beweist dies zum Schluß mit einer *standing ovation.*

Großformatig wurde im Hotel die Zaubervorstellung angekündigt.

Mittwoch, 22. Juli
Große Bühne, drahtlose Mikrofonanlage, eine Treppe direkt von der Bühne zu den Zuschauern: Um 15.30 Uhr beginnt die Probe für meinen Auftritt. Ab 16 Uhr werden die Gäste eingelassen, die sich sofort auf ein reichhaltiges Büfett stürzen. Gegen 17 Uhr beginne ich und komme bestens an. Das Publikum geht vom ersten Augenblick an prima mit und bleibt mit aller Konzentration bis zum Schluß bei mir. „A great show!"

Freitag, 24. Juli

Alle Shows haben so ziemlich das gleiche Ritual. Eine Stunde vor Beginn ist Einlaß, mindestens eine halbe Stunde vor Einlaß formiert sich die Zuschauerschlange. Wenn es keine numerierten Sitzplätze gibt, hilft bei den Platzanweisern nur eins: schmieren, schmieren, schmieren. Schon beim Verkauf des Tickets wird die Devise ausgegeben: *If you're good to him, he may be good to you.* Oder, wie eine rundliche Dame – man glaubt gar nicht, wie viele rundliche Damen es hier gibt – zu mir sagt: „Grease his palm."

Anfahrt im großen Stil: Das Luxushotel Lady Luck holte den Künstler und seine Ehefrau Andrea mit einer Limousine vom Flughafen ab. Welcher (Zauber)künstler träumt nicht davon, auch einmal in Las Vegas aufzutreten? Für Wittus Witt wurde dieser Traum 1992 wahr.

An diesem Abend mit Siegfried & Roy brauchen wir weder zu jemandem „gut zu sein", noch müssen wir jemandem „die Handfläche schmieren". Wir haben Ehrenplätze in dem 3000 Menschen fassenden Theater - eine riesige schwarze Kugel, an deren Kuppel Tausende kleiner Lichter zu flimmern scheinen. Ein fast unwirklicher Saal. Man hört sphärenhafte Klänge, im offenen Bühnenportal wabert plötzlich grüner Nebel, dann das Augenspiel blau strahlender Lichter, in denen die Silhouetten von Panthern sichtbar werden. Blitzartig beginnt das Schauspiel – ein gigantisches Spektakel, das einer Science-Fiction-Szene gleicht. Siegfried im Kampf mit dem Drachen. Roy, den das Drachenhorn aufspießt und durchstößt. Im zweiten Teil folgen Illusionen, die zwar auch zum Bestand vieler anderer Zauberkünstler gehören, aber individuell präsentiert werden: Fluchtkiste, Origami und die Sägeillusion kombiniert mit einer Schwebe.

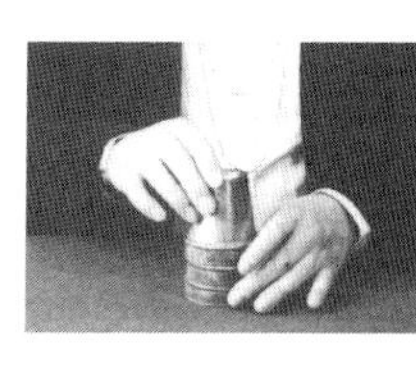

Kathmandu

Delightful Delusions bot Wittus Witt im Juli und August 1993 zehn Abende lang in der ausverkauften Stadthalle von Kathmandu. In fließendem Englisch verzauberte er Tausende Nepalesen. Ernst Wegerif, Vorsitzender des Dortmunder Vereins NEPRA für Leprakranke in Nepal, vermittelte das Gastspiel des ersten westlichen Zauberers in dem Königreich. Sein Honorar spendete Witt einer Leprastation.

Dienstag, 20. Juli 1993
Auf dem Weg vom Flughafen zum Hotel kann ich bereits Herrn Wegerifs PR-Aktion bestaunen. An fast jedem zweiten Baum hängt mein Plakat, an vielen Gebäuden und Rikschas ebenfalls, dazu noch Großtransparente. Wahnsinn! Natürlich sehen und hören wir noch mehr auf dieser Fahrt zum Hotel. Kühe, Hunde, hupende Autos. Man sagt hier, es gibt so viele Götter wie eine Kuh Haare hat – 3,333 Millionen. Also, keine Kuh anfahren, sondern schön ausweichen, auch wenn man auf die Gegenfahrbahn gerät – dann hupen, hupen, hupen.

Unübersehbar wurde in Kathmandu für „Mister Magic Man" geworben.

Samstag, 24. Juli
Der Tag der Tage! Wie viele werden wohl kommen? Werden sie Englisch und meinen Humor verstehen? Kommen sie auch bereitwillig auf die Bühne? Andrea und ich schlafen erst einmal sehr lange. Wir stehen erst um 12 Uhr auf und lassen uns ein kleines Frühstück aufs Zimmer bringen. Ich präpariere mein Programm, suche das passende Papier für die Rosette, und die Palme, bügele die roten Tücher... Ernst holt uns um 15.30 Uhr ab, so daß wir um 16 Uhr in der City Hall ankommen. Akustik und Licht stimmen nach einigen Proben.

Meine Vorstellungen sind für 18.30 Uhr angesetzt, schon um 17.45 Uhr kommen die ersten Zuschauer. Schließlich ist der Saal richtig schön voll, und das, obwohl einige Verkehrsverbindungen durch weggeschwemmte und eingestürzte Brücken zerstört sind. Wegen der Flutkatastrophe ist auch das Benzin rationiert worden. Um 18.40 Uhr geht das Licht im Saal aus und meine Musik an. Ich betrete die Bühne, der Spot kommt – nicht! Es ist schon sehr unangenehm, aufzutreten und aufs Licht zu warten. Dann kommt der Spot doch noch. Schon beim roten Tuch, das ich ohne den philosophischen Text verschwinden und erscheinen lasse, sind die Reaktionen sehr gut. Die Zuschauer gehen bei jedem Kunststück fast wie gewohnt mit. Besonders stark kommen der Orangenglas-Trick und die Guillotine an. Eine sehr, sehr schöne Premiere!

Beim Orangenglas-Trick fällt mir auf, daß immer gelacht wird, wenn ich dann auch tatsächlich einen Schluck daraus nehme. Nach der fünften Vorstellung frage ich meinen ständigen Begleiter Utam, wie er sich das erklärt. „Wittus, wir Nepalis können es einfach nicht glauben, daß da jemand einen Saft herbeizaubert und ihn dann auch noch trinkt".

Nach jeder Vorstellung in Kathmandu werden Autogrammwünsche erfüllt.

Dienstag, 27. Juli

Um 8.45 strahlt das nepalesische Fernsehen wie schon am Vorabend die Sendung *Wittus Witt Magic Show* aus. 20 Minuten Wittus Witt in ganz Nepal! Bei allen Kunststücken kann man sehr gut die Publikumsreaktionen hören, und immer wieder werden mitspielende Zuschauer gezeigt.

Donnerstag, 29. Juli

Um 12 Uhr gebe ich eine Sondervorstellung für eine High School. Ernst will mir die Hälfte des Eintritts geben, was ich jedoch ablehne: Wenn ich schon in Kathmandu bin, um der Leprastation zu helfen, dann kann ich auch ruhig nochmal auftreten. Ich habe nur zwei Wünsche: Die Schulkinder sollen nicht unter 12 sein, da mein Programm nicht für Kleinkinder gedacht ist, und ich möchte diesmal eine Vorstellung ohne Pause geben, also nur 60 Minuten. Als die ersten Busse vorfahren, steigen Kinder aus, die weit jünger als 12 sind. Oh je... Aber dann kommen weitere Busse mit Kindern zwischen 12 und 16. Gut.

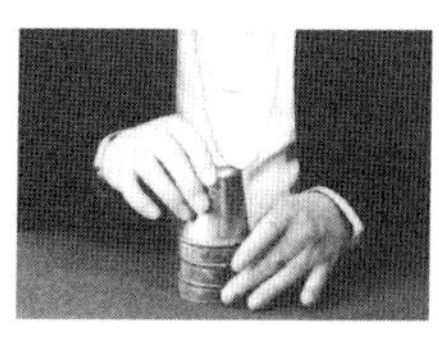

Die City Hall ist „knackevoll", auf etlichen Stühlen sitzen zwei Kinder. Und wie diszipliniert sie sind! Sicher würde es in Deutschland nicht derart ruhig und aufmerksam ablaufen. Tatsächlich zaubere ich eine volle Stunde – die Kinder gehen hinreißend mit. Besonders viel Beifall gibt es hier für das Papierfalten.

Freitag, 30. Juli

Gegen 12 Uhr kommen wir nach Sewa Kendra, dem Betreuungszentrum. Draußen sitzen rund 20 leprakranke Menschen, die eine Art Spalier bilden. In ihren Handstümpfen halten sie eine Blume, die sie uns mit dem Wort „Namaste" (Ich grüße alle Götter in Dir) überreichen. Noch während ich diese Zeilen tippe, kommen mir die Tränen.

Dr. Mana Pradhan, die Stationsärztin, begleitet WW auf seinem Weg zur Vorführstätte. Zur Begrüßung überreichen viele Lepra-Patienten dem gerührten Künstler Blumen.

Die Ärztin Mana zeigt uns alle Räume – ärmlich und doch sehr sauber und gepflegt. Die Vorstellung, die ich mir zurechtgelegt habe, kommt ohne viele Worte aus. Als wir kurz zuvor den ausgeräumten Werkraum betreten, werden wir abermals mit Blumen von zig Menschen begrüßt. Auch ohne besondere Erklärungen kann ich sie einbeziehen. Die Kinder lasse ich auf die Seile oder aufs Taschentuch pusten – das bereitet enorm viel Spaß. Das Ei des Eierbeutels zaubere ich hinter dem Ohr eines Kindes hervor... Es ist ergreifend schön.

Home sweet home

Das unter Denkmalschutz gestellte Haus Vogelsang.

Heute abend Bremen, morgen München, zwei Wochen später womöglich Brüssel oder Wien. Seinem Publikum zuliebe lebt Wittus Witt aus dem Koffer, aber am wohlsten fühlt er sich doch in seinen eigenen vier Wänden. Haus Vogelsang heißt die Villa von Wittus und Andrea Witt. Der Name stimmt heiter und läßt kaum ahnen, daß auch fünf Katzen unter der Adresse logieren. Ein Rundgang weitet das Raumgefühl, vermittelt eine Vorstellung davon, wie Behausungen mit menschlichem Maß, klaren Linien und erdigen Farben auf die Seele wirken.

Geschaffen hat das wohnliche Kunstwerk Bernhard Pfau, ein Architekt des Bauhausstils, der auch das Düsseldorfer Schauspielhaus entwarf. Die Parallele zum Zaubererleben könnte nicht betonfester sein.

Hier also bewahrt der Zauberkünstler seine verlockenden Schätze auf: Viele Hundert trickreiche Kästen aus aller Welt, historische Bildnisse, Requisiten. Hier stapeln sich Tausende von Büchern zum Thema. Hier bittet der Hausherr sachkundige Freunde zu regen Debatten. Ein Zimmer gehört seinem Designerwerkzeug: Großer und kleiner Rechner, Laserdrucker, Farb-Postscriptdrucker, Scanner. „Die Trägheit des Künstlers“ binde ihn an sein Zuhause, meint dieser ruhelose Mensch, der von früh bis spät tüftelt, konzipiert, organisiert. Im Haus Vogelsang findet er aber auch Raum für etwas anderes: „Ein Künstler braucht Distanz zur Gesellschaft, um sie zu beobachten.“ Erfreuen und ein wenig aufrütteln will er sie doch auch. „Ja, aber ich stehe immer etwas außerhalb. Nur so kann ich Eindrücke verarbeiten.“ Seine Krefelder Energiespender? „Andrea – und abends regelmäßig 1000 Meter Kraul.“

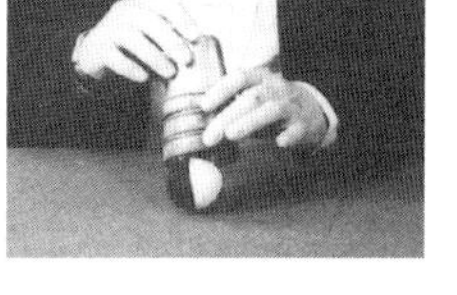

Das Zauberatelier ist ein beliebter Treffpunkt von Kollegen und Freunden und dient auch der Weiterbildung, wie dieses Foto zeigt. Hier erklärt der Schweizer Meister-Kartenzauberer und Fachautor Roberto Giobbi Dr. Udo Hinz, Udo Wächter und Wolfgang Kaps raffinierte Kartenkunststücke.

Komödianten unter sich: Der Comedy-Jongleur Bert Garden (links) und der Comedy-Zauberer Otto Wessely erlauben sich ein paar Scherze mit dem Gastgeber.

Gäste müssen auch die Katzen mögen – und umgekehrt: Salomé (rechts) mit Jörg Jará, dem Bauchredner.

Anhang

Zauberhafte Titelseiten, von Amerika bis Neuseeland.

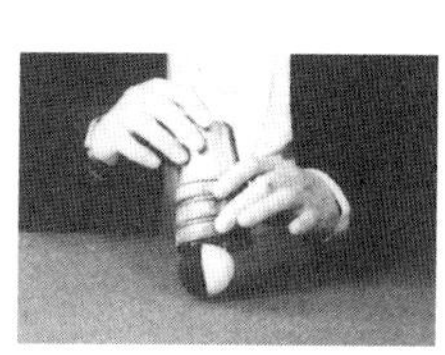

Im Lauf der Jahre hat Witt einige ganz große Zauberer kennengelernt: Hier mit dem produktivsten Fachschriftsteller Englands, Lewis Ganson (1913–80).

Tony Slydini, der Meister der Misdirection (1901–91).

Der „Professor" der Zauberkunst, Dai Vernon (1894–1992).

Zauberkongresse sind nicht nur wegen ihrer Wettbewerbe beliebt. Sie bieten auch Gelegenheit, alte Freundschaften aufzufrischen und neue zu begründen.

Oben: Mit Englands populären Zauberern Patrick Page, Ali Bongo und David Berglas.

Links: Donald Bevan, Redakteur der einzigen wöchentlich erscheinenden Fachzeitschrift ABRACADABRA
Rechts: Marc Wilson, der berühmte amerikanische Zauberer.

Hintere Reihe: Dietrich Keller und Gene Anderson, der Erfinder vieler Papierkunststücke, davor Sino, der große deutsche Zauberkünstler, der unter anderem eine der ersten Zauberserien im ZDF moderierte und viele Kunststücke erfand.

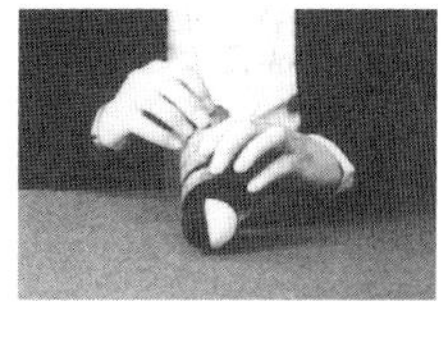

Im Düsseldorfer „Weindorf“

März 1977: Andrea Witt, Ingeborg Geissler, Gisela Panzer, Flip Hallema, Werner Geissler-Werry, Günther Glückert, Ralf Wichmann-Braco, Roy Gardner, WW, Pan-Zero, Ingrid Glückert.

Mai 1977: Duo Eccarius, Horst Kerstan, Waldemar Kupfer, Andrea Witt, WW, Roy Gardner, Walter Galetti, Fypsilon, Bernd Ebenau, Ossi Houdini.

1983 entwarf Dietrich Peters, ehemaliger Mitstudent auf der Düsseldorfer Akademie, das erste Plakate für Wittus Witt.

Veröffentlichungen

1977 Die Zauberwelt, DIN-A-5-Format, 16 Seiten, Adressen von Zauberhändlern, Sammlern, Fachzeitschriften etc.
1978 Der Zaubergesell, Zauberkasten, Nürburg-Spiele, Franz Dumke
1978 Der Zauberjunior, Zauberkasten, Nürburg-Spiele, Franz Dumke
1979 Gelbe Zauber-Seiten Nr. 2, 24 Seiten, Adressen von Zauberhändlern, Sammlern, Fachzeitschriften etc.
1980 fortlaufend A-B-C of Magic Sets, 4 Hefte pro Jahr (in englischer Sprache) bis 1994 48 Ausgaben
1980 Katalog zur Ausstellung „ZAUBER - Kästen und Plakate", Ulrich und Ulrike, Düsseldorf, 8 Seiten
1980 Ted aktiv Bastelmappe #1, Flaschenwanderung, Schreiber Verlag, Esslingen
1980 Ted aktiv Bastelmappe #2, Das Becherspiel, Schreiber Verlag, Esslingen
1981 Faksimile-Zauberkasten „Der kleine Zauberer" nach einem Orginal von 1880, Franz-Josef Holler, München
1981 Hokus Pokus Bastelei, ein Bastel- und Zauberkasten, Spear-Spiele, Nürnberg
1982 Gelbe Zauber-Seiten Nr. 3, 64 Seiten
1982 Ted aktiv Bastelmappe #3, Würfelwanderung, Schreiber Verlag, Esslingen
1982 Katalog zur Ausstellung „Zauberwelt der Taschenspieler", Clemens-Sels-Museum, Neuss, 12 Seiten
1982 Ted aktiv Bastelmappe #4, Würfelpokal, Schreiber Verlag, Esslingen
1983 Faksimile-Zauberschachtel „Der Zauberer" nach einem Original von 1920, Franz-Josef Holler, München
1984 Ted aktiv Bastelmappe #5, Der blühende Kaktus, Schreiber Verlag, Esslingen
1984 Gelbe Zauber-Seiten Nr. 4, International Yellow Magic Pages, 68 Seiten
1984 Katalog zur Ausstellung „Zauberwelt der Taschenspieler", Städtische Galerie im Park, Viersen, 18 Seiten
1985 Wittus Witt Zaubershow, ein Bastel- und Zauberkasten, ASS Verlag
1986 Taschenspieler-Tricks, 130 Seiten, Heinrich Hugendubel Verlag, München
1987 Gelbe Zauber-Seiten Nr. 5, International Magic Yellow Pages, 76 Seiten
1987 Zauberkästen, 128 Seiten, Heinrich Hugendubel Verlag, München
1988 Wunder Wochen, Informationen über Wittus Witts Aktivitäten, alle 12 Wochen, insgesamt 4 Ausgaben, DIN A 4
1988 FISM FINALE, eine Zusammenfassung des 17. Weltkongresses der Zauberkunst in Den Haag, Holland, (in Englisch) 8 Seiten
1988 Taschenspieler-Tricks, 2. Auflage
1988 Zaubertricks, SIMEX Basteln, Richard Simm&Söhne
1988 Faksimile-Zauberkasten „L'Escamoteur" nach einem Original von 1920, Franz-Josef Holler, München
1990 Gelbe Zauber-Seiten Nr. 6, International Magic Yellow Pages, 92 Seiten
1990 Cortini - Monographie eines deutschen Zauberkünstlers, Eigenveralg, DIN A 5, 100 Seiten
1990 Zaubermappe 1, Schreiber-Modellbau-Bogen, Esslingen
1990 Zaubermappe 2, Schreiber-Modellbau-Bogen, Esslingen

1981 erschien zum ersten Mal ein Zauberkasten als Faksimile. Vorlage war das Original aus dem Jahre 1880.

Zwei Jahre später kommt die Reproduktion einer kleinen Zauberschachtel aus den zwanziger Jahren auf den Markt.

Das Deckblatt des 1988 erschienenen Faksimile-Zauberkastens.

1989 zeichnet Prof. Peter Thiele den „dreifachen“ Wittus Witt mit dem magischen Auge.

1991 Wittus Witts gewitzte Zauber-Spiele, 21 Tricks in der Streichholzschachtel, Eigenverlag, Auflage 600 Exemplare
1991 A-B-C of FISM '91, eine Zusammenfassung des 18. Weltkongresses in Lausanne, Schweiz, (in Englisch) 8 Seiten
1991 Canon Zaubertricks, Die Magie der Farben: CLC 300, ein Zauberset für Canon, Auflage 350 Exemplare
1991 Taschenspieler-Tricks, 3. Auflage
1991 A-B-C of Faxic, gefaxtes Mitteilungsblatt für Profizauberer, (in Englisch) bis 1994 56 Ausgaben
1993 Gelbe Zauber-Seiten Nr. 7, International Magic Yellow Pages, 116 Seiten
1994 Zaubertricks - Tips und Techniken für Taschenspieler, rororo.

Prospekte und Programmhefte

1976 Wittus, DIN A 5, Altarfaltung
1978 Wittus Witt, DIN A 5, 4 Seiten, 1. Auflage schwarz, 2. Auflage blau
1983 Wittus Witt · Jahresrückblick '82, DIN A 5, 16 Seiten
1984 Wittus Witt Presseauswahl 1983, DIN A 4, 8 Seiten
1985 Wittus Witt, DIN A 5, 6 Seiten
1986 Produkt-Zauber, DIN A 4, 4 Seiten
1987 Augenzwinkern statt Magierblicke, 3 Zeitungsartikel, DIN A 4, 4 Seiten
1987 Wittus Witt zaubert, DIN lang mit Register, 20 Seiten
1989 Schöner Schein, Programm, DIN A 4, 8 Seiten
1990 First Class Magic Entertainment, eine Bordkarte à la Lufthansa
1992 Schöner Schein, Programm zum „Kom(m)ödchen", DIN A 4, 12 Seiten
1993 Schöner Schein, Programm zur „Kleinen Freiheit", DIN A 4, 12 Seiten
1994 Schöner Schein, Programm zur 1. Theater-Tournee, DIN A 4, 20 Seiten

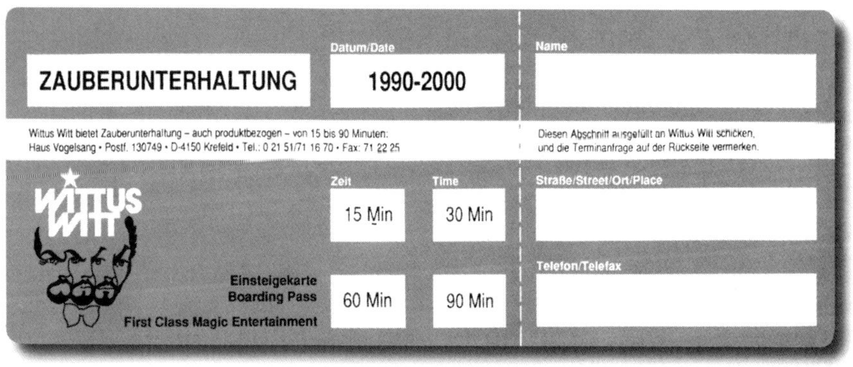

„Heben Sie ab, steigen Sie ein", forderte 1990 die zauberhafte Bordkarte das Publikum auf.

Erwähnungen (ausführliche) in

Das Hobbythek-Buch 1, Verlagsgesellschaft Schulfernsehen, Köln, 1977
Das große Ravensburger Zauberbuch, Otto Maier Verlag, 1981
Zauberkunst, Heinrich Hugendubel Verlag, 1983
Zaubern – Spiel der Illusionen, Otto Maier Verlag, 1992
Who is Who in Magic Jeff Busby, U.S.A., 1990
Pabular, Jahrgang 3, Nr. 1, Sept. 1976
»Magische« Welt, Jahrgang 27, Nr. 1, Januar/Februar 1978
Genii, Jahrgang 43, Nr. 8, 1979
ABRACADABRA, Jahrgang 77, Nr. 2001, Juni '84

Gestaltet 1993 von Günther Glückert, der auch den Schriftzug entwarf.

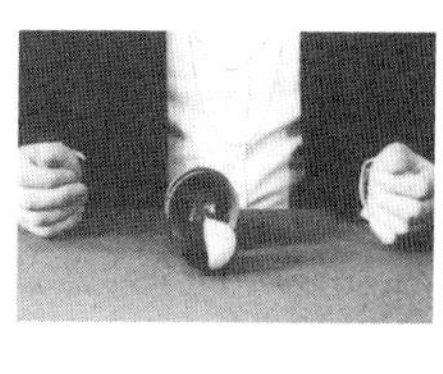

The Magic Circular, August 1988
»Magische« Welt, Jahrgang 41, Nr.3, September 1992
Magie, Jahrgang 72, Nr. 11, November 1992
Linking Ring, Jahrg. 72, Nr. 9, September 1992

Insgesamt 7 Seiten räumte „Puppen & Spielzeug" dem Artikel über Zauberkästen ein.

Artikel in Publikumszeitschriften

1980 Spiel, Nr. 12/1, „Simsalabim aus dem Pappkarton"
1980 Sammler Journal, Nr. 4, April 1980, „Ich sammle Zauberkästen"
1984 Sammler Journal, Nr. 7, Juli 1984, „Zauberplakate",
1985 Puppen&Spielzeug, Nr. 2, Mai 1985, „Zauberkästen"
1988 Handelsblatt-Magazin, Nr. 4, 12. April 1988, „Schöner Schein"
1989 Müllers Antiquitätenspiegel, „Sammelgebiet Zauberkästen"
1991 Periodikum des Niederrheinischen Freilichtmuseums Grefrath, „Zauberkästen"
1993 Freizeit Revue, Nr. 41, 7. Okt. 1993, „Endlich reden wieder alle übers Zaubern"
1994 Esslinger Zeitung/Spiegel der Zeit, „Der Elefant in der Likörbar"

Artikel in Fachzeitschriften

ABRACADABRA (England), Collectors' Forum (USA), Genii (USA), Levitator – 3 Jahre Kolumne (Kanada), Magicana (Neuseeland), Magicol (USA), Magic Info (England), Magic Magazine (USA), Magigram (England), »Magische« Welt – 15 Jahre Kolumne, ORGAN, Künstler Magazin, Magic Megaphon (Deutschland)

Titelfotos

Levitator (Kanada), Magicana (Neuseeland), Genii (USA), Magic Megaphon (Deutschland), «Magische» Welt (Deutschland), Düsseldorfer Hefte, Krefelder Kurier, Nürnberger Monatsspiegel, Simsalabonn, Zauberreport

Illustrationen

in Fachzeitschriften: Magic Info, Magie, »Magische« Welt, Magic Magazine, Magic Megaphon; in Zauberkatalogen von: Alfred Kellerhof, ASTOR, Eckhard Böttchers Zauber-Butike, Günter Puchinger; in Büchern von Hannes Höller: Die Qual der Wahl, Meistermagie aus Italien, einfach-wunderbar-einfach, l'embarras du choix

In dem Stück „Bekannte Gesichter, gemischte Gefühle" spielte Rudolph Brand die Rolle des zaubernden Karl.

Theaterberatungen

1976 Kirschgarten/Tschechow, Schauspielhaus Düsseldorf/Otomar Krejca
1977 Des Kaisers neue Kleider, Schauspielhaus Düsseldorf
1977 Travesties/Tom Stoppard, Grenzlandtheater Aachen/Hartmut Alberts
1978 Band der Liebe, Schauspielhaus Düsseldorf
1978 Bernarda Albas Haus, Schauspielhaus Düsseldorf
1978 Kameliendame, Schauspielhaus Düsseldorf
1978 Peter und der Wolf, Stadttheater Oberhausen

Für den gemeinsamen Auftritt im Grenzlandtheater Aachen zeichnete Wittus Witt 1978 dieses Plakat.

1979 Ich und Ich, Schauspielhaus Düsseldorf
1979 Meister Eder und sein Pumuckl, Schauspielhaus Düsseldorf
1979 Pariser Nächte, Schauspielhaus Düsseldorf
1981 Bekannte Gesichter, gemischte Gefühle, Schauspielhaus Düsseldorf/U. Heising
1982 Der Mann von Welt/Carlo Goldoni, Schauspiel. Düsseldorf/H. P. Fitzi
1982 Merlin/Tankred Dorst, Schauspielhaus Düsseldorf/Jaroslav Chundela
1983 Vorsicht Trinkwasser/Woody Allen, Theater am Dom Köln/Horst Johanning
1985 Fernsehfilm Lichtträume mit Kai Fischer, München
1985 Kasimir und Karoline/Ödön Horváth, Theater Mülheim/Dr. R. Ciulli
1987 Die Dreigroschenoper/Bertold Brecht, Theater Mülheim/Dr. R. Ciulli
1988 Die Bakchen/nach Euripides, Theater Mülheim/Dr. Roberto Ciulli
1990 Die Möwe/Tschechow, Theater Mülheim/Dr. Roberto Ciulli

Theatergastspiele

Grenzlandtheater Aachen, (2 x 1 Wo.)
Kammerspiele Aachen, (1 Wo.)
Theater Tribüne Berlin, (1 Wo.)
Packhaus Theater Bremen, (1 Wo.)
Stadttheater Gütersloh
halbNeun Theater Darmstadt
Kom(m)ödchen Düsseldorf, (1 Wo.)
City Hall Kathmandu, Nepal, (10 Tg.)
unterhaus Mainz, (1 Wo.)
Theater Kleine Freiheit München, (1x 2 Wo., 1x 3 Wo.),
W.Borchert Theater Münster, (1 Wo.)
Tassilo Theater Nürnberg, (2x 2 Tg.)
Stadttheater Pforzheim
Renitenz Theater Stuttgart, (2 Wo.)

Der Katalog zur Ausstellung in der „Galerie im Park“

Ausstellungen

1977 Düren, Magic Center Studio
1979 Amsterdam, Kongreßgebäude
1980 Düsseldorf, Ulrich+Ulrike
1982 Clemens Sels Museum Neuss
1983 Viersen-Süchteln, Bücherei
1984 Viersen, Galerie im Park
1985 Gladbeck, Stadtsparkasse
1987 Düsseldorf, Stadtmuseum
1988 Münchner Stadtmuseum
1990 Staufen, Stadtmuseum
1990 Grefrath, Dorenburg
1991 Wien, Kongreßgebäude
1993 Nürnberg, Spielzeugmuseum
1995 Düsseldorf, Stadtmuseum

Auszeichnungen

1964 B-Preis, 8. Musischer Wettbewerb des Christl. Jugenddorfwerks Dt.
1966 A-Preis, 9. Musischer Wettbewerb des Christl. Jugenddorfwerks Dt.
1968 A-Preis, 10. Musischer Wettbewerb des Christl. Jugenddorfwerks Dt.
1976 1. Preis Comedy Magic, 13. Weltkongreß der Zauberkunst, Wien
1982 Auszeichnung „spiel gut“ für Hokus-Pokus-Bastelei
1985 Auszeichnung „spiel gut“ für Zauber-Show
1993 tz-Rose München, für hervorragende Leistung auf kulturellem Gebiet

Verzauberte Mode

Werbung

Jägermeister-Kampagne in BUNTE, Nr. 6, 2.2.1978
Mac Fash Titelseite 1987

ZAUBER
KÄSTEN U. PLAKATE
DOKUMENTE
AUS 2 JAHRHUNDERTEN
AUS DER WELT
DER TASCHENSPIELER
Zauberkästen ab 1840
Zauberplakate ab 1919
Gesammelt von Hans Witt
Eine Ausstellung bei ULRICH+ULRIKE, Schadowplatz 9, in Düsseldorf vom 30. September bis zum 16. November 1980. Täglich (außer sonntags) ab 9.00 Uhr zu besichtigen. Zauberauftritte mit WITTUS in der Zeit von 14.00 bis 18.30 an folgenden Tagen: Samstag 4. Okt., Mittwoch 8. Okt., Mittwoch 15. Okt., Mittwoch 22. Okt. und Samstag 8. Nov.

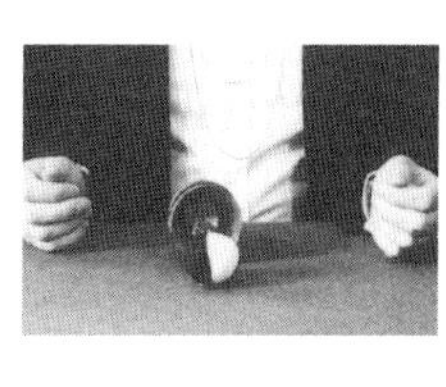

TV-Vita (Auswahl)

22.08.1975	Magic from Abbott's, Kanada
13.01.1975	Hobbythek - Zauberei, WDR 3
15.04.1976	Misch-Masch, ARD
07.12.1976	Blauer Dunst, WDR 3
30.09.1977	Wochenend in Düsseldorf, WDR 3
03.02.1978	Hobbythek-Wünschelruten , WDR 3
26.06.1978	Misch-Masch, ARD
12.11.1978	Dominique Webb Show, Frankreich
18.07.1979	Bilderrätsel, ARD
26.07.1979	Tony Randall-Show, USA
07.11.1980	Zauberhafte Zaubereien aus dem Olympia Paris, ZDF
03.02.1981	Magic Round About, Japan
25.07.1981	Die Magier sind unter uns, ORF
04.02.1982	Varieté-Varieté, ZDF
01.06.1982	Galerie, WDR 3
31.12.1983	Aktuelle Schaubude, NDR
01.02.1984	Hobbythek - Schabernack, WDR 3
07.06.1984	Kunst der Täuschung, erste eigene Sendung, WDR 3
21.12.1984	Wissenschaftsshow, WDR 3
13.05.1986	Welt ohne Schwerkraft, NDR
19.06.1986	Welt ohne Schwerkraft, WDR
27.08.1987	Land und Leute, Eureca
31.08.1987	heute journal, ZDF
11.09.1987	tele-illustrierte, ZDF
29.01.1988	Zeitgeschehen, SAT 1
10.02.1988	Wochenspiegel, BR 3
05.03.1988	Bim-Bam-Bino, Tele 5
23.10.1988	Prominenz im Renitenz, SDR 3
31.07.1989	Applaus-Applaus, Sterne am Himmel des Varietés, WDR 3
24.05.1990	Eye on Hong Kong, PEARL/Hong Kong
17.06.1990	Hollymünd, West 3
29.12.1990	Zauberhaft, zweite eigene TV-Sendung, West 3
17.01.1991	Applaus-Applaus, ARD
28.02.1991	Harald-Juhnke-Show: Willkommen im Club, ARD
01.03.1991	Wiederholung der Juhnke Show, ARD/ZDF
04.04.1991	WWF-Studio „Karracho", ARD
14.07.1991	Hollymünd, West 3
15.08.1991	Zuhause mit Tele 5, Tele 5
25.08.1991	Varieté Intern.-Wittus Witt führt durch's Programm, West 3
im Aug. 91	Trailer für „WDR Publik", West 3
10.10.1991	The Matt Hackett Show, ATV-World/Hong Kong
31.10.1991	Eye on Hong Kong, PEARL/Hong Kong
03.01.1992	NDR Talk Show, N3
15.02.1992	Paul Daniels Magic Show, BBC
15.07.1992	„länderjournal", ZDF
23.07.1992	Freddy Quinn: Meine Freunde, die Artisten, ZDF
08.11.1992	„meine Show", mdr (von 20 bekannten Künstler wurden 10 ausgewählt)
29.11.1992	Literaturmagazin-Extra: WW zaubert Bücher herbei, SWF 3
06.07. 1993	Tele-Zauber in KUK #1 (PLZ-Zauber), West 3
13.07.1993	Tele-Zauber in KUK #2 (Streichholzvoraussage:VIER), West 3
22.07.1993	Mr. Magic Man Wittus Witt at the City Hall, Nepal TV

Tele-Zauber #33

Tele-Zauber #34

Tele-Zauber #35

26.07.1993 Wittus Witt Magic Show (20 Min), Nepal TV
31.07.1993 Jux und Dallerei, SAT 1
10.08.1993 Tele-Zauber in KUK #3 (9 Spielkarten), West 3
17.08.1993 Tele-Zauber in KUK #4 (Doppelgänger), West 3
24.08.1993 Abendschaue Bayern live, BR 3
07.09.1993 Tele-Zauber in KUK #5 (ESP Voraussage), West 3
21.09.1993 Tele-Zauber in KUK #6 (KuK-Credit-Karte), West 3
05.10.1993 Tele-Zauber in KUK #7 (Domino-zaubert), West 3
19.10.1993 Tele-Zauber in KUK #8 (Wortfetzen), West 3
02.11.1993 Tele-Zauber in KUK #9 (Zeit-Uhren-Zauber), West 3
23.11.1993 Tele-Zauber in KUK #10 (Wort-Zauber), West 3
25.11.1993 GlücksSpirale, ARD
30.11.1993 Tele-Zauber in KUK #11 (Chaos und Ordnung), West 3
14.12.1993 Tele-Zauber in KUK #12 (Glückszauber,3 Couverts), West 3
21.12.1993 Tele-Zauber in KUK #13 (Drei Wünsche), West 3
04.01.1994 Tele-Zauber in KUK #14 (Tarot-Zauber für 1994), West 3
18.01.1994 Tele-Zauber in KUK #15 (Tinte und Wasser), West 3
01.02.1994 Tele-Zauber in KUK #16 (Wo ist die volle Schachtel), West 3
15.02.1994 Tele-Zauber in KUK #17 (Horoskop u. ESP Zeichen), West 3
01.03.1994 Tele-Zauber in KUK #18 (Doc Holiday Vermächtnis), West 3
15.03.1994 Tele-Zauber in KUK #19 (Knetgummi Telekinese), West 3
29.03.1994 Tele-Zauber in KUK #20 (Tele-Dart-Spiel), West 3
12.04.1994 Tele-Zauber in KUK #21 (Zeitreise mit Blankokarte), West 3
26.04.1994 Tele-Zauber in KUK #22 (Out of this World), West 3
10.05.1994 Tele-Zauber in KUK #23 (Babyfotos von Promis), West 3
24.05.1994 Tele-Zauber in KUK #24 (Thomas Heyer Bild), West 3
07.06.1994 Tele-Zauber in KUK #25 (Frau+Mann-Voraussage), West 3
21.06.1994 Tele-Zauber in KUK #26 (Roulette-Spiel mit Chips), West 3
28.06.1994 Tele-Zauber in KUK #27 (3 Häufchen mit Hölzern), West 3
07.07.1994 Frühstücks TV, SAT 1
12.07.1994 Tele-Zauber in KUK #28 (Fußball-WM), WDR
26.07.1994 Tele-Zauber in KUK #29 (4 Damen, aus Stuttgart), WDR
02.08.1994 Tele-Zauber in KUK #30 (I-Q-Experiment), WDR
16.08.1994 Tele-Zauber in KUK #31 (Domino Teil 2), WDR
30.08.1994 Tele-Zauber in KUK #32 (Glückskartenzauber), WDR
31.08.1994 Abendmagazin/München, RTL Plus
02.10.1994 Zeiträume, SWF
11.10.1994 Tele-Zauber in KUK #33 (Polit-Wahl), WDR
25.10.1994 Tele-Zauber in KUK #34 (Auto-Stop), WDR
08.11.1994 Tele-Zauber in KUK #35 (Lolli-Zauber), WDR
22.11.1994 Tele-Zauber in KUK #36 (Erotik-Zauber), WDR
01.12.1994 GlücksSpirale, ARD
06.12.1994 Tele-Zauber in KUK #37 (Nikolausstiefel), WDR
20.12.1994 Tele-Zauber in KUK #38 (Weihnachts-Pyramide), WDR
10.01.1995 Tele-Zauber in KuK #39 (Anatomie-Zauber)
24.01.1995 Tele-Zauber in KuK #40 (Drei Sektflaschen)
07.02.1995 Tele-Zauber in KuK #41 (Insektenzauber)
18.02.1995 Donnerwetter, mdr (Wiederholungen auf 3Sat, ORB und SFB)
21.02.1995 Tele-Zauber in KuK #42 (TV-Sender in der ARD), WDR
22.02.1995 mittwochs live mit dem kleinsten Zauberkasten der Welt,WDR
07.03.1995 Tele-Zauber in KuK #43 (Städte-Zauber), WDR
21.03.1995 Tele-Zauber in KuK #44 (Frühlings-Zauber), WDR

Tele-Zauber #37

Tele-Zauber #38

Anmerkung: Der Westdeutsche Rundfunk in Köln hat im Lauf der Jahre seine Programm-Bezeichnung mehrmals geändert. Bis 1989 wurde das Programm unter WDR 3 ausgestrahlt. Ab 1990 hieß es West 3. Im Juli 1994 erhielt es die jetzt gültige Bezeichnungen WDR.

Hörfunk-Vita

06.05.84	Budengasse	WDR 2
08.05.84	Guten Morgen - Deutschland	RTL
20.05.84	Hafenkonzert	WDR/NDR
29.08.84	Guten Morgen aus Düsseldorf	WDR 1
29.08.84	Mittagsmagazin	WDR 2
15.12.85	Budengasse - Da ist doch noch was	WDR 2
26.08.87	Morgenecho	SFB
26.08.87	Guten Morgen aus Düsseldorf	WDR 1
26.08.87	Rheinlandjournal	RPR, Rheinland-Pfalz-Rundfunk
26.08.87	Funkjournal	Dt.Welle
26.08.87	Echo West	WDR 1
26.08.87	Magazin	SR 1
27.08.87	Kultur um Fünf	SDR 2
27.08.87	Gut aufgelegt	SDR 1

Hörfunkzauber mit Dieter Thoma (links) und Manfred Erdenberger vom WDR.

22.09.87	Gut aufgelegt	BRF, Belgischer Rundfunk
29.01.88	Mittagsmagazin	BR, Bayerischer Rundfunk
29.01.88	Guten Morgen	BR 3
05.02.88	Mittagsmagazin	BR 3
27.08.88	Echo West	WDR 1
03.08.89	Magazin	Dt.Welle Melb.AUS
02.01.90	Magazin	BR 2
06.02.90	Guten Morgen aus Düsseldorf	WDR 1
24.02.90	Echo West - Café im Radio	WDR 1
23.04.90	Zauberer, Magier, Fakire aus der Nähe betrachtet	DLF
18.12.90	Magazin	Antenne Düsseldorf
21.02.91	Sieben Minuten mit	Radio 7
02.08.91	Morgenmagazin	WDR 2
06.08.91	Lifestyle	RTL
06.08.91	Mittagsmagazin	Antenne Bayern
08.08.91	Bremen Eins am Vormittag	Radio Bremen
19.01.92	Tagestips	WDR 5
06.05.92	Regenbogen in Freiburg	Radio Regenbogen
20.05.92	Daheim u. unterwegs	WDR 2
20.05.92	Feature	Antenne D'dorf
25.05.92	Tagestip	WDR 5
25.05.92	Radschläger	Antenne D'dorf
25.05.92	Eins Live	WDR 1
26.05.92	Mosaik	WDR 3

04.09.92 Radio Magazin .... Radio Aachen
11.09.92 Feierabend bei Antenne AC .... Antenne Aachen
19.09.92 Gut aufgelegt .... BRF, Belgischer Rundfunk
23.09.92 Zaubern in „Daheim u. unterwegs" #1 (Maßbandtrick) .... WDR 2
11.11.92 Zaubern in „Daheim u. unterwegs" #2 (Kartentrick) .... WDR 2
23.12.92 Zaubern in „Daheim u. unterwegs" #3 (Plätzchentrick) .... WDR 2
27.01.93 Zaubern in „Daheim u. unterwegs" #4 (Clear Prediction) .... WDR 2
03.03.93 Zaubern in „Daheim u. unterwegs" #5 (Zwei Würfel) .... WDR 2
12.03.93 Magazin .... Bayern Radio
15.03.93 Morgen Magazin .... WDR 2
17.03.93 Texte u. Zeichen .... NDR
21.03.93 Radio Tip .... Antenne Türingen
02.04.93 Kulturzeit .... Rias 1
10.04.93 Hexen, Gaukler, Zauberer .... WDR 2
14.04.93 Zaubern in „Daheim u. unterwegs" #6 (8 Münzen) .... WDR 2
26.05.93 Zaubern in „Daheim u. unterwegs" #7 (5 Dinge+Karten) .... WDR 2
23.06.93 Zaubern in „Daheim u. unterwegs" #7 (9 Spielkarten) .... WDR 2
14.07.93 Zaubern in „Daheim u. unterwegs" #8 (Postleitzahlen) .... WDR 2
16.07.93 Porträt Wittus Witt .... Radio M'gladbach
22.08.93 Sonntagsmagazin .... Antenne Bayern
08.09.93 Zaubern in „Daheim u. unterwegs" (Kölner Stadtanzeiger) .. WDR 2
27.09.93 Zaubern im Radio .... FFH
20.10.93 Zaubern in „Daheim u. unterwegs" #9 (Karten u. Werte) .... WDR 2
24.11.93 Zaubern in „Daheim u. unterwegs" #10 (Chaos+Ordnung) .. WDR 2
23.12.93 Zaubern in „Daheim u. unterwegs" #11 (Plätzchen+Glas) .... WDR 2
09.03.94 Zaubern in „Daheim u. unterwegs" #12 (Wahl d. Parteien) . WDR 2
01.06.94 Zaubern in „Daheim u. unterwegs" #13 (3 Gegenstände) .... WDR 2
12.06.94 Magazin .... WDR 1
05.07.94 Interview zum Packhaus .... Radio Bremen
14.07.94 Zaubern im Hörfunk .... Antenne 1
18.07.94 Zaubern im Hörfunk .... Stadtradio
20.07.94 Zaubern in „Daheim u. unterwegs" #14 (abgebr. Holz) .... WDR 2
21.07.94 Melodie für Sie / Interview .... Stadtradio Stuttgart
23.07.94 Zaubern im Hörfunk .... SDR 1
23.07.94 Weekend Zaubern im Hörfunk (Zeitungsvoraussage) .... SDR 1
25.07.94 MDR Kultur zum FISM Kongreß .... mdr
19.08.94 Mittagsmagazin .... BR 3
04.11.94 Tagestip mit Wittus Witt .... WDR 5
14.12.94 Zaubern in „Daheim u. unterwegs" #15 („Christdorf") .... WDR 2
06.01.95 Zaubern #16 (Tele Poker) .... WDR 5
31.01.95 Zaubern #17 (Kleingeld in der Tasche) .... WDR 5
02.02.95 Zaubern (eine gedachte Karte) .... RPR
07.03.95 Zaubern #18 (Zeitreise) .... WDR 5

Fotonachweis:
Michael Bender, 40; Margot Berg, 92; Billstein 20; Karin Blüher, 42,43,44; Bocholter Borkener Volksblatt 36/37; Renate Borchert, 109; Werner Feldmann, 29; Reinhard Haase, 28; Rodney Heft, 50, 69; Claus Henseling, 2, 25; Karin Herbert, 18; Winfried J. Jokisch, 22; Dietrich Keller, 118; Winfried Lambrecht, 34; Günter Mallmann, 73; Bernd Neubauer, 21; Herbert Peterhofen, 100; A. Olligschläger, 8; Gerd Römhild, 72; Karl-Heinz Schommer, 23, 120; Detlef Simon, 50; Susanne Thiele, 34, 48; Gert Weigelt, 71; Ulli Weiss, 68; Claudia Wengert, 14; Andrea Witt, 33; alle übrigen Fotos aus dem Archiv Wittus Witt

Register

A-B-C of Faxic 94
A-B-C of magic sets 95
Aberdeen Marina Club 108
Adrion, Alexander 50
Allen, Woody 70
Anderson, Gene 119
Arabesque 70
ASS 83
Astor 86
Aznavour, Charles 53

Bausch, Pina 69, 71
Bécaud, Gilbert 53
Berghoff, Dagmar 64
Berglas, David 119
Beuys, Joseph 17,18, 43, 50
Bevan, Donald 119
Bilderrätsel 61
Bongo, Ali 119
Brandon, James 103
Braun, Franz 76
Brooks, Susan 109
Brühl, Heidi 97
Burton, Lance 110

Carter, Judy 18, 25
Chicagoer Billardball-Trick 16
Chilvers, Anna 56
Clark, Petula 97
Clemens-Sels-Museum 31
Copperfield, David 51
Cortini 93

Daily, George Jr. 75
Dall, Karl 64, 97
Daniel, Rüdiger 58
Daniels, Paul 64, 65
Dante 74
Davenport, Anne 75
Davenport, John 75
Dawes, Dr.Edwin 76

Ebenau, Bernd 120
Eccarius, Duo 120
Ecken, Dominique 58
Eunus 74

Fischer, Kai 70
Fypsilon 120

Galerie 62
Galetti, Walter 120
Ganson, Lewis 118
Garden, Bert 116
Gardner, Roy 23, 29, 120
Geissler, Ingeborg 120
Geissler-Werry, Werner . . . 74, 120
Geller, Uri 7
Giobbi, Roberto 116
Glückert, Günther 120
Glückert, Ingrid 120
GlücksSpirale 65
Goethe-Museum 74
Gorbatschow 105
Guinness Buch der Rekorde . . . 78

Hackett, Matt 64, 109
halb Neun Theater 30
Hallema, Flip 62, 120
Harbin, Robert 29
Haviland, Jim 99
Heino 105
Hinz, Dr. Udo 116
Hobbythek 7, 23
Höller, Hannes 93
Hofzinser,Dr.Joh. Nepomuk. 50, 51
Houdini, Ossi 120
Huber, Volker 65
Hugo, Victor 107
Humperdinck 98
Hüsch, Hanns Dieter 51, 101

International Brotherhood
of Magicians 106

Jansen, Harry 74
Jará, Jörg 116
Joro 52
Juhnke, Harald 64

Kaps, Wolfgang 116
Kar-Mi 81
Kassner, Direktor 81
Katz, Dr. 61
Keller, Dietrich 75, 119

Kerstan, Horst 120
Kirschgarten 69
Kleine Freiheit, Die 30
Klinger, Abel 79
Klunkert, Peter 56
Klütsch, Bernd 58
Kohl, Helmut 106
Kom(m)ödchen 30, 55
Kuhn, Paul 64
KuK 58, 60
Kupfer, Waldemar 120

Lady Luck 111
Leandros, Vicky 97
Lemmen, Christine 56
Lorraine, Sid 94

Magic Center Studio 74
»Magische« Welt 86, 93
Melihs, Hans 23
Misch Masch 61
Musée Grévin 106
Müthel, Angela 69
Müthel, Lola 69

Nannen, Henri 64
Noeske, Dr. Heinz 76

Page, Patrick 119
Panzer, Gisela 120
Panzero 120
Pavarotti 53
Peters, Dietrich 121
Pfau, Bernhard 115
Pradhan, Dr. Mana 114
Price, David 98
Prof. Nightmare Rope-Trick 17
Punx, Ludwig Hanemann 50
Pütz, Jean 23, 61

Quinn, Freddy 105

Rademacher, Beate 63
Rampling, Charlotte 107
Raxon, Fredo 50
Robert-Houdin 69
Rooklyn, Maurice 106
Rudolph, Hannes 71

Sandra 70
Schäfer, Bernd 30
Scharlatan Theater 103
Scheldon 80
Schmidt, Alfred 75
Schmidt, Helmut 97
Schreiber Verlag 84
Schröder, Peter 75
Selbit, P. T. 74
Senftöpfchen 30
Siegfried&Roy 111
Sim Sala Bim 74
Simex 85
Sino 119
Slydini 118
Softy, Mr. 25
Sondermeyer, Michael 75
spiel-gut 83

Tamariz, Juan 65
Taschenspieler-Tricks 93
Ted aktiv 84
Thatcher, Margaret 106
Thiele, Prof. Peter 123
Tiedemann, Carlo von 62
Tschechow 69

Unterhaus 30

Varieté international 63
Vernon, Dai 118
Voigniers, Dr. Jacques 76
Voland, Dörte 55

Wächter, Udo 75, 116
Walker, Byron 76
WDR 58, 60
Wegerif, Ernst 112
Weindorf 23
Welt ohne Schwerkraft 63
Wessely, Otto 116
Westdeutsche Zeitung 27
Wichmann-Bracao, Ralf 120
Wildon, Joe 15
Wilson, Marc 119
Witt, Andrea 120
Wolf, Hasso 56
Wolter, Ralf 70
Wuppertaler Tanztheater 69

Zauberhaft 63
Zauberkästen 93
ZauberShow 83

Franz Schiffer
Darts
Kleine Pfeile – große Würfe
95 Seiten mit zahlreichen Fotos und Zeichnungen, Festeinband
Für Anfänger und Fortgeschrittene des Darts-Spiels und -Sports schließt dieses Buch eine Lücke. Franz Schiffer geht nicht nur ausführlich auf Regeln, Spielmaterial und Wurftechnik ein, sondern präsentiert Geschichte und Anekdoten. Hinweise zu Technik und Taktik, zum Eigenbau einer Wurfanlage sowie ein Darts-ABC, Literaturhinweise und Adressen von Verbänden und Fachgeschäften runden das Buch zu einem umfassenden Überblickswerk ab.

Franz Schiffer
Billard
Pool, Snooker, Karambol – Regeln, Technik, Geschichte
128 Seiten mit zahlreichen Fotos und Zeichnungen, Festeinband
Eine Zusammenschau der beliebtesten Billard-Varianten – ihre bewegte Vorgeschichte, die wesentlichen Regeln, nützliche Hinweise zu Ausrüstung und Spielweise. Das Buch bietet unter anderem auch Porträts von Spitzenspielern und eine anregende Galerie von Kunstwerken, die das Phänomen Billard aus überraschenden Blickwinkeln darstellen.

Wittus Witt
Taschenspieler-Tricks
130 Seiten mit zahlreichen Fotos und Zeichnungen, Festeinband
Wittus Witt führt seine Leser in das Reich der Taschenspieler. Er beschreibt, neben einem kurzen historischen Rückblick auf die Tradition der Taschenspielerzunft, speziell solche Kunststücke, die auf Straßen und zuhause ohne komplizierte Apparaturen vorzuführen und die zum Teil noch nirgends veröffentlicht worden sind. Darüber hinaus gibt er Hinweise und Ratschläge, wie man das Hobby zum Beruf machen kann.

SCHÖNER SCHÖNER SCHÖNER SCHÖNER SCHÖNER SCHÖNER
SCHEIN SCHEIN SCHEIN SCHEIN SCHEIN SCHEIN
SCHÖNER SCHÖNER SCHÖNER SCHÖNER SCHÖNER SCHÖNER
SCHEIN SCHEIN SCHEIN SCHEIN SCHEIN SCHEIN
SCHÖNER SCHÖNER SCHÖNER SCHÖNER SCHÖNER SCHÖNER
SCHEIN SCHEIN SCHEIN SCHEIN SCHEIN SCHEIN
SCHÖNER SCHÖNER SCHÖNER SCHÖNER SCHÖNER SCHÖNER
SCHEIN SCHEIN SCHEIN SCHEIN SCHEIN SCHEIN
SCHÖNER SCHÖNER SCHÖNER SCHÖNER SCHÖNER SCHÖNER
SCHEIN SCHEIN SCHEIN SCHEIN SCHEIN SCHEIN
SCHÖNER SCHÖNER SCHÖNER SCHÖNER SCHÖNER SCHÖNER
SCHEIN SCHEIN SCHEIN SCHEIN SCHEIN SCHEIN
SCHÖNER SCHÖNER SCHÖNER SCHÖNER SCHÖNER SCHÖNER
SCHEIN SCHEIN SCHEIN SCHEIN SCHEIN SCHEIN
SCHÖNER SCHÖNER SCHÖNER SCHÖNER SCHÖNER SCHÖNER
SCHEIN SCHEIN SCHEIN SCHEIN SCHEIN SCHEIN
SCHÖNER SCHÖNER SCHÖNER SCHÖNER SCHÖNER SCHÖNER
SCHEIN SCHEIN SCHEIN SCHEIN SCHEIN SCHEIN
SCHÖNER SCHÖNER SCHÖNER SCHÖNER SCHÖNER SCHÖNER
SCHEIN SCHEIN SCHEIN SCHEIN SCHEIN SCHEIN
SCHÖNER SCHÖNER SCHÖNER SCHÖNER SCHÖNER SCHÖNER
SCHEIN SCHEIN SCHEIN SCHEIN SCHEIN SCHEIN
SCHÖNER SCHÖNER SCHÖNER SCHÖNER SCHÖNER SCHÖNER
SCHEIN SCHEIN SCHEIN SCHEIN SCHEIN SCHEIN
SCHÖNER SCHÖNER SCHÖNER SCHÖNER SCHÖNER SCHÖNER
SCHEIN SCHEIN SCHEIN SCHEIN SCHEIN SCHEIN
SCHÖNER SCHÖNER SCHÖNER SCHÖNER SCHÖNER SCHÖNER
SCHEIN SCHEIN SCHEIN SCHEIN SCHEIN SCHEIN